일본어 독해력 완성 프로그램

다락원 일한 대역문고

중급 7

고양이 '비'의 이야기

ビーの話

群ようこ 著 | 조주희 · 백송종 譯註

다락원

머리말

『다락원 일한 대역문고』 중급 시리즈는 일본어 중급 학습자들이 일본어 명문들을 즐겁고 효과적으로 읽으며 고급 수준으로 독해력을 발전시키는 것을 목표로 만들었습니다.
일본어 기초가 완성된 중급 단계의 학습자가 일본어 실력을 향상시키기 위해서는 수준에 맞는 좋은 문장을 많이 접하여 어휘의 자연스럽고 정확한 쓰임을 익히는 것이 중요합니다. 너무 쉽거나 어려운 글을 읽으면 자칫 일본어 학습에 흥미를 잃어버리게 될 수도 있기 때문입니다.
현행 일본 초등학교와 중학교 국어교과서에 실린 명문을 비롯하여 일본 현대소설과 우리에게 익숙한 외국 소설의 일본어 번역 등 다양한 장르의 이야기들은 자연스럽게 일본어 문장의 깊은 맛을 익히는 데 좋은 길잡이가 되어 줄 것입니다.

『다락원 일한 대역문고』 시리즈는 사전 없이 편리하게 학습할 수 있도록, 어휘 풀이는 물론 주요 문형에 대한 자세한 해설과 예문을 함께 실었습니다. 본문의 대역은 어휘의 정확한 뜻 전달을 위해 의역보다는 직역에 가깝도록 했고, 원어민의 정확한 발음으로 녹음된 오디오로 듣기 능력 향상까지 함께 기대할 수 있습니다. 『다락원 일한 대역문고』 시리즈로 일본어를 읽고 듣는 재미를 느껴 보시기 바랍니다.
여러분의 일본어 학습에 도움이 되기를 바랍니다.

다락원 일한 대역문고 연구회

『다락원 일한 대역문고』 이렇게 보세요

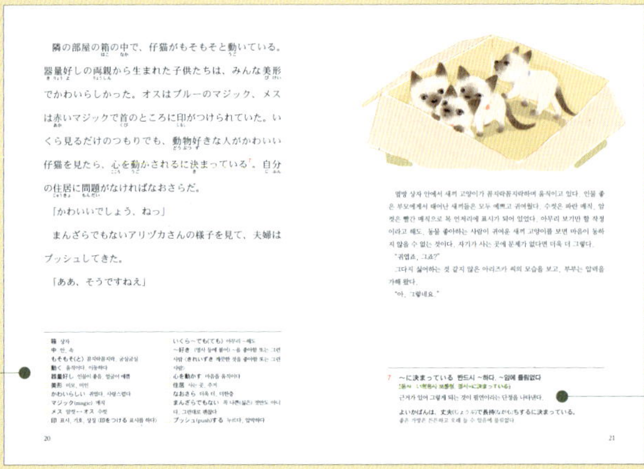
隣の部屋の箱の中で、仔猫がもそもそと動いている。器量好しの両親から生まれた子供たちは、みんな美形でかわいらしかった。オスはブルーのマジック、メスは赤いマジックで首のところに印がつけられていた。いくら見るだけのつもりでも、動物好きな人がかわいい仔猫を見たら、心を動かされるに決まっている[7]。自分の住居に問題がなければなおさらだ。

「かわいいでしょう、ねっ」

まんざらでもないアリヅカさんの様子を見て、夫婦はプッシュしてきた。

「ああ、そうですねえ」

옆방 상자 안에서 새끼 고양이가 꼼지락꼼지락하며 움직이고 있다. 인물 좋은 부모에게서 태어난 새끼들은 모두 예쁘고 귀여웠다. 수컷은 파란 매직, 암컷은 빨간 매직으로 목 언저리에 표시가 되어 있었다. 아무리 보기만 할 작정이라고 해도, 동물 좋아하는 사람이 귀여운 새끼 고양이를 보면 마음이 동하지 않을 수 없는 것이다. 자기가 사는 곳에 문제가 없다면 더욱 더 그렇다.

"귀엽죠, 그죠?"

그다지 싫어하는 것 같지 않은 아리즈카 씨의 모습을 보고, 부부는 압력을 가해 왔다.

"아, 그렇네요."

7 ~に決まっている 반드시 ~하다, ~임에 틀림없다

20 21

어휘 설명

자세한 해설과 함께, 히라가나로 실린 단어 중 한자를 알아두면 좋은 어휘에는 한자 표기를 병기했습니다.
사진 자료는 어휘 해설에 대한 빠르고 정확한 이해를 도와줍니다.

문형 해설

주요 문형의 뜻풀이와 접속을 예문과 함께 알기 쉽게 정리했습니다.

일러두기

일본어의 한국어 표기는 다음과 같습니다.
장음은 단음으로 표기했습니다. 예 大阪 — 오사카
발음 표기는 로마자 표기의 발음에 따랐습니다. 예 つかう (tsukau) — 츠카우
촉음은 'ㅅ'으로 표기했습니다.

문형 접속 해설에 쓰인 활용형의 설명은 다음과 같습니다.
ます형(연용형) — ます가 붙기 이전의 형태
ない형 — ない가 붙기 이전의 형태
て형・た형 — 각각 て・た가 붙은 형태
な형용사な・명사の — な형용사의 어간에 な가 붙은 형태, 명사에 の가 붙은 형태
동사・い형용사・な형용사의 기본형 — 동사・い형용사는 사전에 실려 있는 형태, な형용사는 어간에 だ가 붙은 형태
보통형 — 기본형, 부정형, 과거형, 과거부정형

오디오 CD

원어민 성우의 정확한 내레이션으로 듣는 즐거움도 쌓으세요.

목차

고양이 '비'의 이야기

ビーの話

名前はビーだな

私の家には毎日、隣の家の猫が出入りしている。ビーという名前のシャム猫である。年齢は十二歳。一九八五年七月、麻布生まれ、神楽坂育ち。人間でいえば還暦くらいのオス(去勢済み)だ。ビーの最初の飼い主は私の友人のアリヅカさんである。七年程飼っていたのだが、

□ **出入りする** 출입하다
□ **シャム猫** 샴고양이
□ **～である** ~(이)다 =だ
□ **麻布** 아자부 〈토쿄 미나토구 중서부에 위치한 고급 주택지로 외국 공관이 많음〉
□ **神楽坂** 카구라자카 〈토쿄 신주쿠 동부에 위치한 곳으로, 음식, 문화, 패션 등을 다양하게 즐길 수 있음〉
□ **育ち** 성장, 가정 교육
□ **還暦** 환갑, 회갑
□ **オス(雄)** 수컷↔メス(雌) 암컷
□ **去勢** 거세
□ **～済み** 끝남, 완료
□ **飼い主** 가축이나 애완 동물을 기르는 사람, 사육주
□ **～程** ~정도
□ **飼う** 기르다, 사육하다

네 이름은 '비'

우리 집에는 매일 옆집 고양이가 드나들고 있다. '비'라는 이름의 샴고양이다. 나이는 12살. 1985년 7월 아자부 출생, 카구라자카에서 성장. 사람으로 치면 환갑 정도의 수컷(거세 완료)이다. '비'의 맨 처음 주인은 내 친구인 아리즈카 씨다. 7년 정도 키우고 있었는데,

突然(とつぜん)、彼女に喘息(ぜんそく)が出(で)るようになって[1]しまい、友人のモリタさんに住(す)まいごと譲(ゆず)り渡(わた)した。その居抜(いぬ)き猫(ねこ)つきの部屋(へや)が、私の住(す)むマンションの隣の部屋なのだ。

私たちの住んでいる階(かい)には、うちとモリタさん宅(たく)と二(ふた)部屋(へや)しかないため、私たちもビーも、無法地帯(むほうちたい)のように暮(く)らしている。ビーはベランダの仕切(しき)りの下のすきまをくぐって、好(す)きなときにうちにやってくる。また私たちはサンダルばきで、お互(たが)いを行(ゆ)き来(き)しあっては、

□突然 돌연, 갑자기
□喘息が出る 천식이 생기다
□住まい 사는 곳, 집, 거주
□～ごと (명사에 붙어) ~도 포함해서, ~째
□譲り渡す 넘기다, 양도하다
□居抜き (가게나 공장 등을) 상품이나 시설과 함께 통째로 팔거나 세놓음
□～つき(付き) ~딸림, ~포함
□マンション 맨션 〈일본의 아파트(アパート)는 싼 공동주택 개념임〉
□階 (건물의) 층
□宅 집, 주택, 자기 집
□無法地帯 무법지대
□～のように ~와 같이, ~처럼 〈명사에 붙어 비유 · 예시를 나타냄〉
□暮らす 살다, 지내다
□ベランダ 베란다
□仕切り 칸막이
□すきま(隙間) 틈
□くぐる (몸을 구부리고) 빠져 나가다
□やってくる 오다, 찾아오다, 다가오다
□また 또, 게다가
□サンダルばき 샌들(슬리퍼) 차림
□お互い 서로, 상호간, 피차
□行き来しあう 서로 왕래하다, 교제하다 〈行き来する＋あう의 합성어〉

갑자기 그녀에게 천식이 생겨 버려, 친구인 모리타 씨에게 살던 집을 통째로 넘겼다. 그 고양이를 포함해 팔아 넘긴 집이 내가 사는 맨션 옆집인 것이다.

우리들이 살고 있는 층에는 우리 집과 모리타 씨 댁 두 가구밖에 없어서, 우리나 '비'나 무법지대처럼 살고 있다. '비'는 베란다 칸막이 아래 틈을 빠져나와 자기가 오고 싶을 때에 우리 집으로 건너온다. 우리들 또한 슬리퍼 차림으로 서로 왕래하면서

---

1 **~ようになる ~(하)게 되다** [동사 기본형 · 부정형+ようになる]

점점 변화해서 어떤 상태에 이르게 됨을 나타낸다.

うちの妻(つま)も、最近(さいきん)やっと車(くるま)の運転(うんてん)ができるようになりました。 제 아내도 최근에 간신히 운전을 할 수 있게 되었습니다.

到来物(とうらいもの)のお裾分(すそわ)けなんかをしている。アリヅカさんも歩(ある)いて二分程の場所(ばしょ)に住んでいるため、おばさん三人はビーを囲(かこ)み、かわいがったり、ちょっかいを出(だ)したりして、ぼちぼち暮(く)らしているのである。

アリヅカさんはもともと猫は好きだったが、飼(か)うつもりはなかった。仕事(しごと)は不規則(ふきそく)だし、地方(ちほう)や外国(がいこく)に行く機会(きかい)も多(おお)い。とてもじゃないけど生(い)き物(もの)を飼う余裕(よゆう)はなかった。ところがある日、知(し)り合(あ)いから、

「友だちのところに猫が生まれたから、もらってやってくれないか[2]な」

と頼(たの)まれた。

□到来物　선물로 들어온 물건, 선사품 =もらいもの

□お裾分け　얻은 물건이나 이익의 일부를 남에게 나누어 줌

□なんか　~등, ~따위, ~같은 것, 그러한 것

□囲む　에워싸다, 둘러싸다

□かわいがる　귀여워하다

□~たり(する)~たり(する)　~(하)기도 하고 ~(하)기도 한다

□ちょっかいを出す　쓸데없이 말참견하다, 간섭하다, 장난삼아 건드리다

□ぼちぼち　조금씩 진행되는 모양, 그럭저럭

□もともと(元々)　원래

□つもり　생각, 의도, 작정

□不規則　불규칙

□機会　기회

□とてもじゃないけど　아무리 해도, 어떻게 해도 =とてもじゃないが

□生き物　동물, 생물, 생명체

□余裕　여유

□ところが　그런데, 그러나

□知り合い　아는 사람, 친지

□~な　~(하)면 좋겠는데 〈말하는 사람의 희망·권유를 나타냄〉

□頼む　부탁하다

선물로 들어온 것을 나누어 주거나 하고 있다. 아리즈카 씨도 걸어서 2분 정도 되는 곳에 살고 있어서, 세 명의 아줌마는 '비'를 둘러싸고 귀여워하기도 하고 장난삼아 건드리기도 하면서 그럭저럭 살아가고 있는 것이다.

아리즈카 씨는 원래 고양이는 좋아했지만 키울 생각은 없었다. 일은 불규칙하고 지방이나 외국에 갈 기회도 많다. 아무리 해도 동물을 키울 여유는 없었다. 그런데 어느 날, 아는 사람에게서

"친구네 집에 고양이가 태어났는데, 맡아 주지 않을래?"

하고 부탁 받았다.

---

2 ～てやってくれないか ～해 주지 않을래? [동사 て형+やってくれないか]

말하는 사람이 듣는 사람에게 제3자를 위해 어떤 행동을 해 주기를 바랄 때 쓰며, 듣는 사람과 제3자 모두 말하는 사람과 친한 경우일 때 쓴다.

悪(わる)いけど、吉田(よしだ)さんの仕事(しごと)、ちょっと手伝(てつだ)ってやってくれないか。 미안하지만, 요시다 씨 일, 좀 도와주지 않을래?

「動物は飼うつもりはないから」

と断(ことわ)っても、相手は見るだけでいいからと、食(く)い下(さ)がってくる。あまりにいうので、

「じゃ、見るだけ」

といって、彼女はミニ・クーパーに乗って猫を見に行ったのである。

猫の飼い主は麻布(あざぶ)に住むグラフィックデザイナーの二十代(にじゅうだい)の夫婦(ふうふ)だった。

「あの子がお父さんのハッシー、こっちがお母さんのキメです」

- □ **断る** 거절하다
- □ **相手** 상대, 상대방
- □ **食い下がる** 물고 늘어지다, 끈질기게 맞서다
- □ **あまりに** 너무나, 지나치게
- □ **ミニ・クーパー** 미니 쿠퍼(BMW의 프리미엄 소형차종)
- □ **グラフィックデザイナー** 그래픽 디자이너
- □ **～代** 연대 · 연령의 범위, ~대

"동물은 키울 생각은 없는데."

하고 거절해도 상대는 보기만 해도 된다고 하면서 끈질기게 물고 늘어진다. 너무 끈질기게 말해서,

"그럼, 보기만 할게."

하고 말하고, 그녀는 미니 쿠퍼를 타고 고양이를 보러 간 것이다.

고양이 주인은 아자부에 사는 20대 그래픽 디자이너 부부였다.

"저 애가 아빠인 허쉬, 얘가 엄마인 키메예요."

どちらもとってもかわいい顔立(かおだ)ちの、シャム猫だった。お父さんのほうは内気(うちき)らしく[3]、アリヅカさんが部屋の中に入(はい)っていくと、ベランダのほうにとことことこと歩いていって、カーテンの陰(かげ)から、そーっと様子(ようす)を窺(うかが)っていた。一方(いっぽう)、母猫(ははねこ)というものは、他人(たにん)が仔猫(こねこ)のそばに寄(よ)っていくと、警戒(けいかい)して威嚇(いかく)したり、体(からだ)で隠(かく)そうとしたりするものである[4]。ところがキメは違(ちが)った。フーッというどころか[5]、ごろごろと喉(のど)を鳴(な)らしながら、アリヅカさんの足元(あしもと)にすり寄(よ)り、

□ かわいい 귀엽다, 사랑스럽다, 예쁘장하다
□ 顔立ち 얼굴 생김새, 용모
□ 内気 내성적
□ 入る 들어가다
□ とことこと 종종걸음으로 걷는 모습
□ カーテン 커튼
□ 陰 뒤(쪽), 그늘
□ そーっと 살그머니, 살짝 〈そっと를 강조하여 길게 발음한 것〉
□ 様子を窺う 상황(정세)을 살피다
□ 一方 한편
□ ～というものは ~라는 것은
□ 仔猫 새끼 고양이
□ 寄る 다가서다, 접근하다
□ 警戒 경계
□ 威嚇 위협
□ 隠す 숨기다, 감추다
□ ～(よ)うとする (동사 의지형에 붙어) ~(하)려고 하다
□ 違う 다르다, 틀리다
□ ごろごろ 고양이 등이 목구멍을 울리는 소리, 갸릉갸릉
□ 喉を鳴らす 소리를 내다
□ ～ながら ~(하)면서 〈동사 ます형에 붙어 동시 동작을 나타냄〉
□ 足元 발밑, 발치
□ すり寄る 가까이 다가가다, 바싹 다가가다

둘 다 아주 귀엽게 생긴 샴고양이였다. 아빠 쪽은 내성적인 듯, 아리즈카 씨가 방 안에 들어가자 베란다 쪽으로 종종걸음으로 걸어가 커튼 뒤에서 살그머니 상황을 살피고 있었다. 한편, 보통 어미 고양이라면 다른 사람이 새끼 고양이 옆에 다가가면 경계하며 위협하기도 하고 몸으로 감추려고 하는 법이다. 그런데 키메는 달랐다. 후욱 하고 숨을 내뱉기는커녕 갸릉갸릉 하고 소리를 내며, 아리즈카 씨의 발치에 바싹 다가와,

---

3 ～らしい ~인 듯하다, ~인 것 같다
[동사 · い형용사 · な형용사 어간 · 명사 보통형+らしい]

화자의 직관적인 느낌, 타인이나 책, 매스컴 등에서 보고 들은 간접적인 경험, 객관적인 근거에 따른 추량 표현이다.

最近(さいきん)の大学生(だいがくせい)は携帯(けいたい)メールでレポートを書くらしい。최근의 대학생은 휴대폰 메일로 레포트를 쓰는 것 같다.

4 ～ものだ ~(하)는 법이다, ~(하)기 마련이다
[동사 · い형용사 기본형 · な형용사な+ものだ]

보편적 진리, 당연한 일에 대해 말할 때 쓴다.

年をとるとしわはできるものだ。나이를 먹으면 주름살은 생기게 마련이다.

5 ～どころか ~은커녕 [동사 · い형용사 기본형, な형용사 어간(な), 명사+どころか]

어떤 일을 예로 들어 그것을 부정함으로써 뒤의 내용을 강조하고자 할 때 쓴다.

誕生日(たんじょうび)のプレゼントどころかお祝(いわ)いのメッセージももらっていない。생일 선물은커녕 축하 메시지도 받지 못했다.

「ねえ、こんな子供(こども)たちよりも、私を連(つ)れていってくれないかしらん」

といったような[6]風情(ふうぜい)でしなをつくり、アリヅカさんに体をすりすりして甘(あま)えていた。

「子供はこっちにいるんですけど」

遠慮(えんりょ)がちに案内(あんない)しながら、夫婦の目(め)は、

「お願(ねが)い。仔猫をもらって！」

と訴(うった)えていた。

「ああ、はあ……」

- □ ～よりも ～보다도 〈비교를 나타냄〉
- □ 連れていく 데리고 가다, 동반하다
- □ ～ないかしら ～(하)지 않으려나 〈～かしら(～일까, ～지도 몰라)는 의문을 나타내는 여성형 어미로, ない 등 부정어 뒤에 올 때에는 희망이나 권유를 나타냄〉
- □ 風情 모양, 기미, 기색
- □ しなをつくる 교태를 부리다, 아양을 떨다
- □ すりすりする 비비대다
- □ 甘える 응석부리다, 어리광 부리다
- □ 遠慮がちだ 말이나 행동을 삼가하다, 조심스러워하다 〈～がち는 동사 ます형 · 명사에 붙어 '～경향이 많음'을 나타냄. 病気がちの人 병약한 사람, 자주 아픈 사람〉
- □ 案内する 안내하다
- □ 訴える 호소하다

"이봐요, 이런 애들보다도 나를 데려가 주지 않을래용?"

하고 말하는 듯한 모습으로 아양을 떨며, 아리즈카 씨에게 몸을 비비대며 어리광을 부리고 있었다.

"새끼는 이쪽에 있는데요."

조심스럽게 안내하면서 부부의 눈은

'부탁이에요. 새끼를 데려가 주세요!'

하며 호소하고 있었다.

"아, 예……."

---

6 ~ようだ ~것 같다, ~듯하다

[동사 · い형용사 보통형, な형용사な, 명사の+ようだ]

불확실하지만 자신의 주관적인 근거에 의거하여 헤아려 짐작하는 추측을 나타낸다.

田中さん顔色(かおいろ)が悪いが、どこか具合(ぐあい)がよくないようです。
타나카 씨 안색이 안 좋은데, 어딘가 몸이 좋지 않은 것 같아요.

隣の部屋の箱(はこ)の中(なか)で、仔猫がもそもそと動(うご)いている。器量好(きりょうよ)しの両親(りょうしん)から生まれた子供たちは、みんな美形(びけい)でかわいらしかった。オスはブルーのマジック、メスは赤(あか)いマジックで首(くび)のところに印(しるし)がつけられていた。いくら見るだけのつもりでも、動物好(どうぶつず)きな人がかわいい仔猫を見たら、心(こころ)を動(うご)かされるに決(き)まっている[7]。自分(じぶん)の住居(じゅうきょ)に問題(もんだい)がなければなおさらだ。

「かわいいでしょう、ねっ」

まんざらでもないアリヅカさんの様子を見て、夫婦はプッシュしてきた。

「ああ、そうですねえ」

- □箱 상자
- □中 안, 속
- □もそもそ(と) 꼼지락꼼지락, 굼실굼실
- □動く 움직이다, 이동하다
- □器量好し 인물이 좋음, 얼굴이 예쁨
- □美形 미모, 미인
- □かわいらしい 귀엽다, 사랑스럽다
- □マジック(magic) 매직
- □メス 암컷↔オス 수컷
- □印 표시, 기호, 상징 〈印をつける 표시를 하다〉
- □いくら〜でも(ても) 아무리 ~해도
- □〜好き (명사 등에 붙어) ~을 좋아함 또는 그런 사람 〈きれいずき 깨끗한 것을 좋아함 또는 그런 사람〉
- □心を動かす 마음을 움직이다
- □住居 사는 곳, 주거
- □なおさら 더욱 더, 더한층
- □まんざらでもない 꼭 나쁜(싫은) 것만도 아니다, 그런대로 괜찮다
- □プッシュ(push)する 누르다, 압박하다

옆방 상자 안에서 새끼 고양이가 꼼지락꼼지락하며 움직이고 있다. 인물 좋은 부모에게서 태어난 새끼들은 모두 예쁘고 귀여웠다. 수컷은 파란 매직, 암컷은 빨간 매직으로 목 언저리에 표시가 되어 있었다. 아무리 보기만 할 작정이라고 해도, 동물 좋아하는 사람이 귀여운 새끼 고양이를 보면 마음이 동하지 않을 수 없는 것이다. 자기가 사는 곳에 문제가 없다면 더욱 더 그렇다.

"귀엽죠, 그죠?"

그다지 싫어하는 것 같지 않은 아리즈카 씨의 모습을 보고, 부부는 압력을 가해 왔다.

"아, 그렇네요."

---

7 ～に決まっている 반드시 ~하다, ~임에 틀림없다
[동사・い형용사 보통형, 명사+に決まっている]

근거가 있어 그렇게 되는 것이 필연이라는 단정을 나타낸다.

よいかばんは、丈夫(じょうぶ)で長持(ながも)ちするに決まっている。
좋은 가방은 튼튼하고 오래 들 수 있음에 틀림없다.

仔猫たちが固(かた)まってもそもそしているなかで、一匹(いっぴき)だけ、ふらふらと単独行動(たんどくこうどう)をしているオスがいた。兄弟が何(なに)をやっていても、我関(われかん)せずで、自分だけ勝手(かって)にやっているという感(かん)じであった。

「餌(えさ)もつけますから。お願(ねが)いします」

夫婦はアリヅカさんにむかって何度も頭(あたま)を下(さ)げた。

「うーん」

しばし彼女は悩(なや)んだが、もともと頼まれるといやといえない性格(せいかく)でもあり、結局(けっきょく)、ふらふらしていた仔猫をもらってきた。ただ見るだけのつもりだったのに、帰(かえ)りは車(くるま)に仔猫とカリカリタイプの餌を乗(の)っけていたのであった。車に乗っているときも、仔猫は鳴(な)くわけでもなく[8]、暴(あば)れるわけでもなく、とてもおとなしかった。

- □ 固まる 한데 모이다, 뭉치다
- □ ふらふら(と) 생각 없이 돌아다니는 모양, 어슬렁어슬렁
- □ 単独行動 단독 행동
- □ 我関せず 나 몰라라하다, 자신은 관계없다
- □ 勝手にやる 마음대로 하다
- □ 感じ 느낌
- □ 餌 모이, 먹이, 사료
- □ つける 더하다, 붙이다
- □ むかう 향하다
- □ 頭を下げる 머리를 숙이다, 사과하다
- □ しばし 잠시, 잠깐
- □ 悩む 고민하다
- □ ただ 다만, 단지
- □ 帰り 귀갓길, 돌아오(가)는 길
- □ カリカリ 바삭바삭, 아삭아삭
- □ 乗っける 태우다, 싣다
- □ 鳴く (새 · 짐승이) 울다
- □ 暴れる 날뛰다, 난폭하게 굴다
- □ おとなしい 얌전하다, 온순하다

새끼 고양이들이 한데 모여 꼼지락거리고 있는 가운데, 단 한 마리만 어슬렁어슬렁거리며 단독 행동을 하고 있는 수컷이 있었다. 형제들이 무엇을 하고 있든 나 몰라라 하며 저 혼자만 마음대로 하고 있는 듯한 느낌이었다.

"먹이도 딸려 보낼 테니. 부탁드려요."

부부는 아리즈카 씨를 향해 몇 번이고 머리를 숙였다.

"음~."

잠시 그녀는 고민했지만 원래 부탁 받으면 싫다고 말하지 못하는 성격이기도 해서, 결국 어슬렁거리고 있던 새끼 고양이를 데려 왔다. 그저 보기만 할 생각이었는데, 돌아올 때에는 차에 새끼 고양이와 바삭바삭 타입의 먹이를 싣고 있었던 것이다. 차에 타고 있을 때에도 새끼 고양이는 울지도 않고 날뛰지도 않고 대단히 온순했다.

---

8 ～わけでもない ～한 것도 아니다

[동사 · い형용사 보통형, な형용사な, 명사な(である)+わけでもない]

문장 전체나 문장의 일부를 완곡하게 부정하는 표현으로, ～わけではない(~한 것은 아니다)를 강조한 말이다.

とても忙しいというわけでもないけど、余裕(よゆう)があるわけでもない。
매우 바쁜 것도 아니지만, 여유가 있는 것도 아니다.

このレストランはいつもお客(きゃく)がいっぱいだが、特別(とくべつ)においしいわけではない。이 레스토랑은 언제나 손님이 많지만, 특별히 맛있는 것은 아니다.

家に戻(もど)り、

「はい」

と歩かせてやると、興味津々(きょうみしんしん)で部屋の中を歩(ある)きまわっていたが、お腹(なか)がすいたらしく、アリヅカさんの顔を見上(みあ)げて、

「ビービー」

と鳴いた。

「名前はビーだな」

鳴(な)き声(ごえ)を聞いて即座(そくざ)に名前は決(き)まり、美形のシャムの両親から生まれた仔猫は、人間社会(にんげんしゃかい)のなかで「ビー」として、第一歩(だいいっぽ)を踏(ふ)み出(だ)したのである。

- □ 戻る 돌아오다
- □ 歩かせる 걷게하다
- □ ～てやる ~해 주다
- □ 興味津々 흥미진진
- □ 歩きまわる 걸어 다니다, 걸어 돌아다니다
- □ お腹がすく 배가 고프다
- □ 見上げる 올려다보다
- □ 鳴き声 울음소리
- □ 即座に 즉석에서, 당장에
- □ 決まる 정해지다, 결정되다 〈決める 정하다〉
- □ 人間社会 인간 사회, 인간 세상
- □ ～として ~(으)로서
- □ 第一歩 제1보, 첫발
- □ 踏み出す 걸음을 내딛다, 진출하다

집에 돌아와,

"자."

하고 걷게 해 주니 흥미진진하게 방 안을 걸어 돌아다니더니만 배가 고픈지 아리즈카 씨의 얼굴을 올려다보며,

"비~ 비~."

하고 울었다.

"이름은 '비'네."

울음소리를 듣고 즉석에서 이름은 정해지고, 잘생긴 샴고양이 부모에게서 태어난 새끼 고양이는 인간 세상 속에서 '비'로 첫발을 내딛은 것이다.

しかし仔猫ビーの第一歩はなかなか大変(たいへん)であった。アリヅカさんは仕事が忙(いそが)しく、日中(にっちゅう)、一緒(いっしょ)にいられるわけではない。とにかくビーはのっけから、お留守番(るすばん)という状況(じょうきょう)を強(し)いられたのである。

「行ってくるからね」

そういうと玄関(げんかん)でちょこんと座(すわ)って、ちょっと首(くび)をかしげている。そして夜遅(よるおそ)く、彼女が仕事を終(お)えて帰ってくると、まだ小さいビーがまるで転(ころ)がるように[9]走(はし)ってきて、足元(あしもと)にまとわりつく。

「絶対(ぜったい)、離(はな)れません！」

という状態で、ぴったりとへばりつくのだった。

- □ 大変だ 힘들다, 어렵다
- □ 日中 주간, 대낮
- □ とにかく 여하튼, 어쨌든
- □ のっけ 처음, 시초, 시작
- □ お留守番 빈집을 지킴 〈お는 미화어〉
- □ 状況 상황
- □ 強いる 강요하다
- □ 玄関 현관
- □ ちょこんと 오도카니
- □ 首をかしげる 고개를 갸웃하다, 의아해하다
- □ 仕事を終える 일을 마치다, 끝내다
- □ 転がる 구르다, 넘어지다
- □ まとわりつく 착 달라붙다
- □ 絶対 절대
- □ 離れる 떨어지다, 멀어지다
- □ 状態 상태
- □ ぴったりと 달라붙는 모양, 착, 딱, 바싹
- □ へばりつく 찰싹 달라붙다

그러나 새끼 고양이 '비'의 첫걸음은 무척 힘들었다. 아리즈카 씨는 일이 바빠서 낮에 같이 있을 수는 없다. 여하튼 '비'는 처음부터 집보기라는 상황을 떠맡게 된 것이다.

"다녀올게."

그렇게 말하면 현관에 오도카니 앉아서 고개를 약간 갸웃하고 있다. 그리고 밤늦게 그녀가 일을 마치고 돌아오면 아직 자그마한 '비'가 마치 구르듯이 달려 나와 발밑에 착 달라붙는다.

"절대로 안 떨어질 거예요!"

라는 상태로 찰싹 달라붙는 것이었다.

---

9 まるで～ようだ 마치 ~같다, 마치 ~인 듯하다

[まるで+동사 · い형용사 보통형, 명사の+ようだ]

비유 · 예시를 나타낸다.

彼(かれ)はまるで風(かぜ)のように走(はし)っていった。그는 마치 바람처럼 달려갔다.

ベッドに入ると、ビーは隣で横になっている。寝るまでの間、本を読んでいた彼女が、本をぱたんと閉じ、

「もう、寝ようか」

と声をかけると、腕の中にするすると入ってきて、腕枕をしてもらって寝る。しかしそれから少し大きくなると、ビーはそのままじっとベッドで寝ていることがなくなった。アリヅカさんがうつらうつらしていると、突然、ビーが起き出す。そして、

「カリカリ」

と餌を食べている音がしたかと思うと、またベッドに戻ってきて、

「ふー」

とため息をつき、アリヅカさんの腕の中にもぐりこむという行動をとるようになったのだ。

잠자리에 들면 '비'는 옆에서 드러누워 있는다. 잠들기까지 사이에 책을 읽고 있던 그녀가 책을 탁 닫고,

"이제 잘까?"

하고 말을 걸면 팔 안으로 스르륵 들어와서는 팔베개를 베고 잔다. 그러나 그후 조금 크자 '비'는 그대로 가만히 침대에서 자는 일이 없어졌다. 아리즈카 씨가 꾸벅꾸벅 졸고 있으면 갑자기 '비'가 일어난다. 그리고는

'바삭바삭'

하고 먹이를 먹고 있는 소리가 났나 싶으면 다시 침대로 돌아와,

"후우~"

하고 한숨을 쉬고는 아리즈카 씨의 팔속으로 기어들어오는 행동을 하게 된 것이다.

- □ ベッドに入る 잠자리에 들다
- □ 横になる 눕다
- □ ～間 ~동안, ~사이 〈동사ている, 명사の에 붙어 동작이나 상태가 계속 중인 기간을 나타냄〉
- □ ぱたん(と) 세게 닫히는 소리, 탁
- □ 閉じる 닫다, 덮다
- □ 声をかける 말을 걸다
- □ するする(と) 미끄러지듯 매끄럽게 움직이는 모양, 스르륵, 주르륵
- □ 腕枕をする 팔베개를 하다
- □ ～てもらう ~(해) 달라고 하다
- □ ～くなる (い형용사 어간에 붙어 변화를 나타냄) ~어지다, ~게 되다
- □ そのまま 그대로
- □ じっと 꼼짝 않고, 가만히
- □ うつらうつらする 꾸벅꾸벅 졸다
- □ そして 그리고, 그리고 나서, 그 다음에
- □ 起き出す 일어나다
- □ 音がする 소리가 나다
- □ ～かと思うと ~싶더니, ~더니
- □ ため息をつく 한숨을 쉬다
- □ もぐりこむ(潜り込む) 잠입하다, 기어들다
- □ 行動をとる 행동을 취하다

不思議に思った彼女が、寝る前に餌入れを見ると、毎晩、必ずカリカリが三、四粒残してある。どうやらわざと残しておいて、本格的に寝に入る前の楽しみとして、ビーがとっておいたようなのだ。どういう考えかわからないが、とにかくビーは自分で寝るための儀式を作っていたのであった。

ふだん一緒にいられないからといって[10]、彼女の飼い方は、仔猫べったりの猫かわいがりではなかった。女性がよくやるように、

「ビーちゃんでしゅか、ママでちゅよ」

などと、赤ちゃん言葉で話しかけるなんて言語道断。ぱきっとした軍隊方式でしつけた。

- □不思議だ 불가사의하다, 이상하다
- □餌入れ 먹이 그릇
- □必ず 반드시, 꼭
- □粒 낟알, 알
- □残す 남기다, 남겨 두다
- □どうやら 어쩐지, 아무래도
- □わざと 고의로, 일부러
- □～ておく ~해 두다, ~해 놓다
- □寝に入る 잠자리에 들다
- □楽しみ 즐거움, 재미, 낙
- □とっておく 간직하여 두다, 보존하여 두다
- □自分で 스스로
- □儀式 의식
- □ふだん 평소, 일상
- □飼い方 기르는 법, 사육법
- □べったり 딱 들러붙은 모양, 찰싹, 착
- □猫かわいがり 분별없이 맹목적으로 귀여워함
- □～でしゅか ～でしょうか의 유아어
- □～でちゅよ ～ですよ의 유아어
- □赤ちゃん言葉 아이들이 쓰는 말, 유아어
- □話しかける 말을 걸다
- □言語道断 언어도단;어처구니가 없어 말이 막힘
- □ぱきっと 확실하게, 똑똑하게, 분명하게
- □軍隊方式 군대 방식
- □しつける 일상생활의 예의범절을 가르치다

이상하게 여긴 그녀가 자기 전에 먹이 그릇을 보니 매일 밤 반드시 바삭바삭 먹이가 세, 네 알 남겨져 있다. 아무래도 일부러 남겨 놓아 본격적으로 잠자리에 들기 전의 즐거움으로서 '비'가 남겨 둔 것 같다. 무슨 생각인지는 모르지만 어쨌든 '비'는 스스로 잠들기 위한 의식을 만들고 있었던 것이었다.

평소에 함께 있을 수 없다고 해서 그녀가 새끼 고양이에게 딱 달라붙어 맹목적으로 귀여워하며 키우는 것은 아니었다. 여자들이 흔히 하듯이,

" '비'예용? 엄마예용."

라는 등 유아어로 얘기를 건다는 건 말도 안 되는 일이다. 확실한 군대 방식으로 교육을 시켰다.

---

10 ~からといって ~라고 해서

[동사 · い형용사 보통형+からといって, な형용사 어간 · 명사+だからといって]

'~하다고 해서' 라는 뜻으로 이유를 나타낸다.

苦(くる)しいからといって、途中(とちゅう)でやめるわけにはいかない。
힘들다고 해서 도중에 그만둘 수는 없다.

「ビー！」

「ニャッ」

アリヅカさんが名前を呼(よ)んだら、ビーはお座(すわ)りをして短(みじか)いきっぱりとしたお返事(へんじ)。これが基本(きほん)であった。まるで男の子がやるように、手荒(てあら)く扱(あつか)っても、ビーはいやがらず[11]、うれしそうに[12]喉をごろごろと鳴らしていた。二人の関係(かんけい)は鬼軍曹(おにぐんそう)と二等兵(にとうへい)のようだったのだ。

動物を飼っていて、いちばん困(こま)るのが遠出(とおで)をするときである。彼女は地方(ちほう)に行く仕事も多く、ビーをどうするかは、悩みの種(たね)だった。そのとき、顔見知(かおみし)りのダンサーの女性が、

「私、猫が好きだから、面倒(めんどう)を見てあげますよ」

□お座りをする 앉다
□きっぱり(と) 딱 잘라, 단호하게
□お返事 대답 〈お는 미화어〉
□手荒い 거칠다, 난폭하다
□扱う 다루다, 취급하다
□いやがる 싫어하다
□喉を鳴らす 목에서 소리를 내다, 목을 울리다
□鬼軍曹 무서운 중사, 혹독한 중사 〈한국식 표현으로는 '혹독한 하사관'에 해당〉
□二等兵 이등병
□困る 어려움을 겪다, 난처하다, 곤란하다
□遠出 멀리 나가는 것, 멀리 여행 등을 가는 것
□地方 지방
□悩みの種 고민거리
□顔見知り 안면이 있음, 안면 있는 사람
□ダンサー(dancer) 댄서
□面倒を見る 돌보다, 보살피다

"비!"

"냣!"

아리즈카 씨가 이름을 부르면 '비'는 앉은 자세로 짧고 단호하게 대답한다. 이것이 기본이었다. 마치 남자 아이가 하듯 거칠게 다루어도 '비'는 싫어하는 기색 없이 기쁜 듯 목을 갸릉갸릉 하고 울렸다. 둘의 관계는 혹독한 하사관과 이등병 사이 같은 것이었다.

동물을 기르면서 가장 곤란한 것이 멀리 여행 갈 때이다. 그녀는 지방에 갈 일도 많아서 '비'를 어찌할지 고민거리였다. 그때 안면이 있는 여자 댄서가,

"저, 고양이 좋아하니까 돌봐 줄게요."

---

11 ~ず(に) ~(하)지 않고, ~(하)지 말고 [동사 ない형+ず(に)]

~ない(で)와 같은 말로 부정을 나타낸다. 단 する→せず, 来る→こず로 변화한다.

今朝(けさ)は何(なに)も食べずに、学校へ行きました。
오늘 아침엔 아무것도 먹지 않고 학교에 갔습니다.

12 ~そうだ ~일 것 같다, ~할 것 같다
[동사 ます형, い형용사 · な형용사 어간+そうだ]

말하는 사람이 보거나 들은 것으로 판단한 양태를 나타낸다.

今でも雨が降りそうだ。(하늘을 올려다 보고) 금방이라도 비가 올 것 같다.

といってくれた。猫が好きな人がそばにいてくれるならと、地方に行くとき、彼女に来てもらって、ビーの世話を頼んだ。ところが帰ってきたら、彼女は、

「もう、私、できません」

と訴えた。どうしたのかと聞いたら、アリヅカさんが帰ってくるまでの間、どんなに面倒を見ても、遊ぼうとしても、ずーっと鳴き続けていて、閉口したというのである。

「それは大変だったわね」

- □ 世話 보살핌, 시중듦
- □ どんなに~ても 아무리 ~해도
- □ ずーっと 계속, 줄곧 〈ずっと를 강조하여 길게 발음한 것〉
- □ 鳴き続ける 계속 울어대다
- □ 閉口する 난처하다, 질리다, 손들다
- □ ~わね ~요, ~군요 〈여러 가지 말에 붙어 어조를 고름〉

하고 말해 주었다. 고양이를 좋아하는 사람이 옆에 있어 준다면야 하고, 지방에 갈 때 그녀에게 와 달라고 해서 '비'를 돌봐줄 것을 부탁했다. 그런데 돌아오니 그녀는,

"이제 저는 못 하겠어요."

하고 호소했다. 어찌된 일인지 물었더니, 아리즈카 씨가 돌아올 때까지 아무리 보살펴 주어도, 놀아주려고 해도, 계~속해서 울어대기만 해서 손들었다는 것이다.

"그거 참 힘드셨겠네요."

と彼女をねぎらったのだが、ふだん、そんなに鳴いたこともないビーが、何日も鳴き続けるなんてどういうわけだろうかと首をひねった。ところがいろいろな人が家に出入(でい)りするうちに[13]、ビーはとても人の好(す)き嫌(きら)いが激(はげ)しいということがわかったのである。

ビーがいちばん嫌(きら)いなのは、うるさい人、大声(おおごえ)を出(だ)す人である。もともとは人好(ず)きな質(たち)なのだが、声が大きい人のそばには絶対(ぜったい)に寄(よ)ってこない。たまたまその人が猫が好きで、

「ビー、おいで」

と呼んでも、絶対に姿(すがた)を現(あらわ)さないのだ。

□ ねぎらう(労う) 노고를 치하하고 위로하다
□ ～たこともない ~한 적(일)도 없다 〈과거의 경험을 나타냄〉
□ わけ 까닭, 사정, 이유
□ 首をひねる 고개를 갸우뚱하다, 의심스럽게 여기다
□ 好き嫌い 좋아하고 싫어함
□ 激しい 심하다, 격하다
□ 大声を出す 큰소리를 내다
□ 人好き 사람을 좋아함
□ 質 성질, 체질
□ たまたま 이따금, 어쩌다, 간혹
□ おいで 이리 와, 오너라 〈おいでなさい에서 なさい가 생략된 형태로 가벼운 명령·요구를 나타냄〉
□ 姿 모습
□ 現す (모습을) 나타내다

하고 그녀를 위로했지만, 평소 그렇게 운 적도 없는 '비'가 며칠이나 계속해서 울어대다니 어찌된 일일까 하고 고개를 갸우뚱했다. 그런데 여러 사람이 집에 들락날락하는 중에, '비'는 좋아하고 싫어하는 사람이 너무나 확실하다는 것을 알게 된 것이다.

'비'가 가장 싫어하는 사람은 시끄러운 사람, 큰소리를 내는 사람이다. 원래는 사람을 좋아하는 성질인데, 목소리가 큰 사람 옆에는 절대로 다가오지 않는다. 어쩌다 그 사람이 고양이를 좋아해서,

"비, 이리 온."

하고 불러도 절대로 모습을 드러내지 않는 것이다.

---

13 ～うちに ～(하)는 동안에

[동사 기본형 · ている형, い형용사 기본형, な형용사な, 명사の+うちに]

'～의 상태일 때 ～하다'라는 뜻을 나타낸다.

今日できることは今日のうちにやれ。明日(あした)に残(のこ)すな。
오늘 할 수 있는 일은 오늘 중으로 해라, 내일로 미루지 마라.

このタイプははっきりと嫌(きら)われる理由(りゆう)がわかるのであるが、大声を出すわけではないのに、ビーに嫌われる人がいた。あれだけ人好きな猫なのに、すり寄っていかない。なんだかわからないけれど、ビーの肌(はだ)に合(あ)わないタイプの人がいるらしい。それはアリヅカさんにも全(まった)く見当(けんとう)がつかないのだが、ダンサーの女性も、この範疇(はんちゅう)に入(はい)っていて、嫌われたようなのだった。

アリヅカさんの仕事はますます忙(いそが)しくなってきて、家にほとんど帰れない状態(じょうたい)が続(つづ)きそうな気配(けはい)だった。ビーのこともあり、頭を悩(なや)ませていたところ[14]、知り合いの家族が、預(あず)かってくれるというので、仕方(しかた)なく頼むことにした[15]。餌をたっぷり積(つ)んで、ビーを車に乗(の)せて家まで届(とど)けた。夫婦と中学生(ちゅうがくせい)の男の子二人がいる家庭(かてい)であった。

- □タイプ(type) 유형, 형식
- □はっきり(と) 분명히, 확실히
- □嫌う 싫어하다
- □なんだか 웬일인지, 무엇인지
- □肌に合う 성질(기질)에 맞다, 마음에 맞다
- □全く～ない 전혀 ~(하)지 않다
- □見当がつく 짐작이 가다
- □範疇 범주
- □ほとんど 거의, 대부분
- □続く 계속되다, 이어지다
- □気配 기색, 기미, 기척
- □頭を悩ませる 골머리를 앓다
- □預かる 맡다, 보관하다
- □仕方ない 하는 수 없다, 어쩔 수 없다
- □たっぷり 잔뜩, 충분히, 듬뿍
- □積む 싣다, 쌓다
- □届ける 보내다, 전하다, 신고하다
- □家庭 가정

이런 타입은 싫어하는 이유를 분명히 알겠는데, 큰소리를 내지 않는데도 '비'에게 미움 받는 사람이 있었다. 그렇게나 사람을 좋아하는 고양이인데 다가가지 않는다. 왠지는 모르지만, '비의 성질에 맞지 않는 타입의 사람이 있는 듯싶다. 그것은 아리즈카 씨로서도 전혀 짐작이 가지 않았지만, 여자 댄서도 이 범주에 들어가 '비'에게 미움을 받았던 것 같았다.

아리즈카 씨의 일은 점점 바빠져 집에 거의 올 수 없는 상태가 계속될 것 같은 기미였다. '비' 일도 있고 골머리를 앓고 있던 차에 잘 아는 가족이 맡아주겠다고 하여 하는 수 없이 부탁하기로 했다. 먹이를 잔뜩 싣고 '비'를 차에 태워 집까지 데려다 주었다. 부부와 중학생 남자 아이 둘이 있는 가정이었다.

---

14 ~たところだ 막 ~(한) 참이다 [동사 た형+ところだ]

일이 막 끝난 직후를 나타낸다.

たった今空港(くうこう)に着いたところです。 지금 막 공항에 도착한 참입니다.

15 ~ことにする ~(하)기로 하다 [동사 기본형+ことにする]

자신이 결정한 사항임을 나타낸다. 자신이 아니라 학교 · 회사 등 조직에서 결정한 사항임을 나타낼 때에는 ~ことになる를 쓴다.

来年日本に留学(りゅうがく)することにしました。
내년에 일본에 유학 가기로 했습니다.

ビーは預(あず)けられたときも、いやがるわけでもなく、ただきょとんとしているだけである。この家族(かぞく)はビーの嫌いなタイプではないとアリヅカさんは安心(あんしん)し、ビーをその家に置(お)いていった。そして毎日、忙しい日が続き、睡眠時間(すいみんじかん)も三時間とれればいいような状態が続いた。そして、ふと気(き)がついたら、ビーをその家に預けてから、二カ月(にかげつ)も過(す)ぎていた。

「これは大変(たいへん)だ」

とあわててビーを引(ひ)き取(と)りに行ったらば、預けた家庭はとんでもないことになっていたのである。

□預ける 맡기다, 위탁하다, 보관시키다
□いやがる 싫어하다
□きょとんと 놀라거나 힘이 빠져 멍하니 있는 모양, 멍청히
□睡眠時間 수면 시간
□とる 취하다
□ふと 문득, 우연히
□気がつく (어떤 것에) 생각이 미치다, 정신을 차리다
□～てから ~(하)고 나서
□過ぎる 지나(가)다
□あわてる(慌てる) 당황하다, 허둥거리다, 서두르다
□引き取る 인수하다, 맡아서 돌보다
□とんでもない 터무니 없다, 당치도 않다, 있을 수 없다
□～になる ~(이)가 되다 〈명사 · な형용사 어간에 붙어 변화를 나타냄〉

'비'는 맡겨졌을 때도 싫어하지도 않고 그저 멍하니 있을 뿐이었다. 이 가족은 '비'가 싫어하는 타입이 아니라고 아리즈카 씨는 안심하고 '비'를 그 집에 두고 갔다. 그리고 매일 바쁜 나날이 계속되고 수면 시간도 세 시간을 자면 다행인 듯한 상태가 이어졌다. 그리고 문득 정신을 차리고 보니 '비'를 그 집에 맡긴 지 두 달이나 지나 있었다.

"이거 큰일인데."

하고 황급히 '비'를 데리러 갔더니, 맡긴 집은 말도 안 되는 상태가 되어 있던 것이다.

ビーを預けたとき、その家族は何の問題もない、ごくごく普通の家庭であった。ところが預けている間に[16]、夫婦仲が悪くなり、奥さんが家を出て別居してしまった。もちろんビーは家に残されたまま[17]である。家に残っているのは父親と息子が二人。いるのは自分たちの飼い猫ではなく、人から預かった猫である。餌をやり、それなりにかわいがってはくれたのだろうが、中学生の男の子たちは家の中で猫と遊ぶよりは、友だちと遊んでいるほうが楽しいに決まっている。父親は帰るのが夜中である。

□ごくごく 극히, 지극히, 매우 〈ごく의 힘줌말〉
□普通 보통
□夫婦仲 부부 사이
□奥さん 부인 〈남의 아내를 높인 말〉
□別居 별거
□もちろん 물론
□残す 남기다, 남겨두다
□父親 부친 ↔ 母親(ははおや) 모친
□飼い猫 기르는 고양이
□やる (손아랫사람, 동 · 식물에게) 주다
□それなり 그 나름대로, 그런대로
□～よりは ～보다는 〈비교 기준을 나타냄〉
□～ほうが ～쪽이, ～편이
□夜中 한밤중

'비'를 맡겼을 때 그 가족은 아무 문제도 없는 지극히 평범한 가정이었다. 그런데 맡긴 사이에 부부 사이가 나빠져, 부인이 집을 나가 별거하게 되어 버렸다. 물론 '비'는 집에 남겨진 채 말이다. 집에 남아 있는 것은 아버지와 두 아들. 있는 것은 자신들이 키우던 고양이가 아니라 남이 맡긴 고양이다. 먹이를 주고 그 나름대로 귀여워해 주기는 했겠지만, 중학생인 남자 아이들은 집안에서 고양이와 놀기보다는 친구들과 노는 편이 즐겁기 마련이다. 아버지는 한밤중에나 돌아온다.

16 ~間に ~하는 사이에, ~하는 동안에

[동사 기본형 · ている형, い형용사 기본형, な형용사な, 명사の+間に]

그 기간 내에 완료된 동작을 나타내는데, 이것이 그 기간 계속 중인 동작을 나타내는 ~間와 다르다.

ここ3日の間に記録的(きろくてき)な大雨(おおあめ)が降りました。
요 3일 동안에 기록적인 폭우가 쏟아졌습니다.

17 ~たまま ~한 채로, ~한 그대로 [동사 た형+まま]

어떤 동작이 완료된 후 그 상태가 변하지 않고 계속 지속되고 있는 것을 나타낸다.

いすに座(すわ)ったまま、何もしないでぼんやりしていた。
의자에 앉은 채 아무것도 하지 않고 멍하니 있었다.

「私もひどいことをしたと思うわ」

と彼女はそのときのことを思い出していっていたが、あわてて引き取りにいったとき、ビーの首とお腹には、五百円玉くらいのハゲができていた。かわいそうにストレスがたまって、円形脱毛症になっていたのである。

二カ月ぶりにアリヅカさんに再会したビーは、一生懸命、頭をこすりつけてきた。他人の家に預けられ、夫婦の喧嘩を聞かされ、自分が望んでいるようにかわいがってはもらえない。人好きな猫がかわいがってもらえないのはさぞかし辛いことだったと思う。家に連れて帰ったら、すぐにハゲは完治した。しかしそれ以来、ビーは車が苦手になった。仔猫のときは車に乗っていても、とってもおとなしかったのに、このとき以来、車に乗せられると、乗っている間、

"나도 너무 심했다고 생각해."

하고 그녀는 그때 일을 떠올리며 말했는데, 서둘러 데리러 갔을 때 '비'의 목과 배에는 5백 엔짜리 동전 크기만한 탈모가 생겨 있었다. 불쌍하게도 스트레스가 쌓여 원형탈모증에 걸려 있었던 것이다.

2개월 만에 아리즈카 씨와 재회한 '비'는 열심히 머리를 비벼대며 다가왔다. 남의 집에 맡겨져 부부 싸움을 듣게 되고, 자기가 바라고 있던 것처럼 귀여움 받지는 못한다. 사람 좋아하는 고양이가 귀여움을 못 받는다는 것은 틀림없이 괴로운 일이었다고 생각한다. 집에 데려왔더니 탈모는 금방 완치됐다. 그러나 그 이후 '비'는 차를 질색하게 되었다. 새끼 고양이 때는 차에 타고 있어도 아주 온순했는데, 이 사건 이후 차에 태우면 타고 있는 동안,

- □ ひどい 심하다, 무정하다
- □ 思い出す 생각해내다, 상기하다
- □ ～円玉 ~엔짜리 동전
- □ ～くらい ~정도
- □ ハゲ(禿) 탈모, 대머리
- □ ストレスがたまる 스트레스가 쌓이다
- □ 円形脱毛症 원형탈모증
- □ ～ぶり (시간 경과를 나타내는 말 뒤에 붙어) ~만에
- □ 再会 재회
- □ こすりつける(擦り付ける) (몸을) 비벼대다
- □ 喧嘩 싸움
- □ 望む 바라다, 원하다
- □ さぞかし 틀림없이, 필시
- □ 辛い 괴롭다, 고통스럽다 〈男は辛いよ 남자는 괴로워〉
- □ 連れて帰る 데리고 돌아오(가)다
- □ すぐに 바로, 곧, 금방
- □ 完治 완치, 병이 다 나음
- □ 以来 이래, 이후
- □ 苦手だ 질색이다, 다루기 벅차다, 상대하기 싫다
- □ とっても 매우 〈とても를 강하게 발음한 것〉

「おーおーおー」

とずーっと鳴いている。まるで、

「やだよー」

といっているようなのである。きっと車に乗せられると、ハゲを作(つく)ったときのことを鮮明(せんめい)に思(おも)いだし、「やだよー」状態になってしまうのではないだろうか。真実(しんじつ)はビーにしかわからないのであるが、車が嫌(いや)な思(おも)い出(で)とつながっているのは、間違(まちが)いないと思うのである。

それでもビーはそれからも、あちらこちらに預けられた。相手(あいて)の家の人はみんなビーをかわいがってくれる。なかには、

「とってもかわいいから、ゆずってくれないか」

- □まるで 마치, 꼭, 흡사
- □やだ 싫다〈いやだ의 회화체〉
- □きっと 꼭, 반드시, 틀림없이
- □鮮明に 선명하게
- □真実 진실
- □〜にしか 〜(에)게만, 〜(에)게밖에
- □思い出 추억, 회상
- □つながる(繋がる) 관계가 있다, 관련되다, 이어지다, 연결되다
- □間違いない 틀림없다
- □それでも 그럼에도 불구하고, 그런데도
- □それから 그리고, 그 다음에, 그리고 나서
- □あちらこちら 여기저기, 이곳저곳
- □相手 상대, 상대방
- □ゆずる(譲る) 양보하다, 넘기다

"워~ 워~ 워~."

하며 줄곧 울었다. 마치

"싫어~!"

하고 말하는 것 같다. 분명 차에 태워지면 탈모가 됐을 때의 일이 선명하게 떠올라 '싫어요~' 상태가 되어 버리는 것은 아닐까? 진실은 '비'밖에 모르는 것이지만, 차가 싫은 기억과 연관되어 있는 것은 틀림없다고 생각한다.

그런데도 '비'는 그러고 나서도 여기저기에 맡겨졌다. 맡겨진 집의 사람은 모두 '비'를 귀여워해 준다. 그중에는,

"너무 귀여운데 나한테 주지 않을래?"

といわれたこともある。しかし引き取りに行ったアリヅカさんは、ビーがちゃんとなついているようでも、心底(しんそこ)、心(こころ)を許(ゆる)していないことがわかった。よく人を見ていて、

「こういうときは、こうするのがいちばんいい」

と、うまーく態度(たいど)を変(か)えているのがわかったからである。

「こいつは、いける」

と思うと、にゃーにゃーと鳴いて、自分の好きなようにこき使(つか)う。押(お)しに弱(よわ)いタイプの人だとわかると、ぐいぐいと攻(せ)めていく。いわれているほうの人間(にんげん)は、ビーがかわいいから、

- □ちゃんと 분명히, 틀림없이, 꼼꼼하게
- □なつく 친숙해져서 따르다, 친해지다
- □心底 마음속
- □心を許す 상대를 받아들이다, 마음을 터놓다, 마음을 주다
- □うまい 능숙하다, 자신에게 유리하다, 교묘하다
- □態度 태도
- □変える 바꾸다, 변화시키다
- □こいつ 이 녀석, 이놈
- □いける 꽤 쓸 만하다, 상당히 좋다
- □こき使う(扱き使う) 혹사하다, 사정없이 부려먹다
- □押し 억지, 떼
- □ぐいぐいと 거침없이 진행하는 모양, 척척, 부쩍부쩍
- □攻める 공격하다, 치다

라는 말을 들은 적도 있다. 그러나 데리러 간 아리즈카 씨는 '비'가 잘 따르고 있는 것 같아도 마음속으로는 상대를 받아들이고 있지 않는다는 것을 알았다. 사람을 잘 보고 있다가,

"이럴 때는 이렇게 하는 게 제일 좋아."

하고 능숙하게 태도를 바꾸고 있다는 것을 알았기 때문이다.

"이 사람은, 쓸 만한데."

하고 생각하면 야옹~야옹~ 하고 울면서 자기 마음대로 사정없이 부려먹는다. 떼쓰는 데 약한 타입의 사람이라는 걸 알면 거침없이 공격해 나간다. 말을 들어주는 사람은 '비'가 귀여우니까,

「はい、わかった、わかった」

といいながら、面倒(めんどう)を見(み)る。また、押しがきかないタイプの人には、すり寄(よ)って甘(あま)えてみせる。そしてうまいこと、御飯(ごはん)を多(おお)めにもらったり、遊んでもらったりしていたのである。

「あんたって、意外(いがい)とずるいのね」

アリヅカさんがそういうと、知(し)らんぷりをしている。

「何(なん)のことでしょうか」

としらばっくれているのだ。ビーにとって彼女は何よりも怖(こわ)い鬼軍曹(おにぐんそう)なので、絶対服従(ぜったいふくじゅう)を強(し)いられる。ビーはそのうさばらしを、預(あず)けられたときにしていたのだ。

- □ きく(効く) 효과가 있다, 통하다
- □ みせる 보여주다, 보이다
- □ うまいこと 교묘하게, 감쪽같이
- □ 多めに 조금 많게, 많은 듯하게
- □ あんた 너, 당신 〈あなた의 회화체〉
- □ ～って ~은, ~(이)란
- □ 意外 의외
- □ ずるい(狡い) 약삭빠르다, 교활하다
- □ 知らんぷり 알면서도 모르는 체함, 시치미를 뗌
- □ しらばっくれる 시치미 떼다 =しらばくれる
- □ ～にとって ~에게 있어
- □ 何よりも 무엇보다도
- □ 怖い 무섭다
- □ 服従 복종
- □ うさばらし (시름, 걱정을 풀기 위한) 기분 전환 또는 그 수단

"그래, 알았어, 알았어."

하고 말하며 보살펴 준다. 또한 떼쓰기가 통하지 않는 타입의 사람에게는 가까이 다가가 응석을 부린다. 그리고 교묘하게 밥을 많이 받는다든지 자기와 놀도록 하든지 하고 있던 것이다.

"너, 의외로 약았구나."

아리즈카 씨가 그렇게 말하면 모르는 척하고 있다.

"무슨 일이에요?"

하고 시치미를 떼는 것이다. '비'에게 있어 그녀는 무엇보다도 무서운 하사관이어서 절대 복종을 강요당한다. '비'는 거기에 대한 해소를 다른 집에 맡겨질 때 하고 있었던 것이다.

器量好しで概して評判のいいビーではあったが、アリヅカさんには悩みがあった。それはビーがおしっこをするのがとても下手なことだった。トイレの場所は一度で覚えた。あちらこちらで粗相をすることもない。いちおうトイレで用は足すのだが、そのやり方が、ものすごいのである。おしっこをするとき、多少、腰を落としてするものだが、ビーは腰を落とすことがめったにない。歩いているときと同じ体勢でするものだから、全部、トイレの外に出てしまう。それでも当のビーはトイレの中にしたつもりで、猫砂を前足でかさかさとかき集めるしぐさをして、してもいないおしっこを隠そうとするのだった。

인물 좋고 대체적으로 평판이 좋은 '비'이기는 했지만, 아리즈카 씨에게는 고민이 있었다. 그건 '비'가 오줌을 누는 것이 몹시 서투른 것이었다. 변기가 어디인지는 한 번에 외웠다. 여기저기에 오줌을 싸는 일도 없다. 일단 변기에서 용변을 보기는 보는데, 그 누는 방법이 굉장하다. 오줌을 눌 때 약간 허리를 낮춰야 하는 법인데, '비'는 허리를 낮추는 일이 거의 없다. 걷고 있을 때와 같은 자세로 하니까 전부 변기 밖으로 나와 버린다. 그래도 장본인인 '비'는 변기 안에 했다고 생각하고, 고양이 모래를 앞발로 사악사악 그러모으는 시늉을 하고는 누지도 않은 오줌을 감추려고 하는 것이었다.

□ 概して 대개, 대체로
□ 評判 평판
□ おしっこをする 쉬를 하다, 오줌을 누다 〈おしっこ는 小便(しょうべん)의 유아어임〉
□ 粗相をする 대·소변을 싸다, 지리다
□ いちおう(一応) 일단, 우선
□ 用を足す 볼일을 보다, 볼일을 마치다
□ やり方 하는 법, 하는 방식
□ ものすごい 대단하다, 굉장하다
□ 多少 다소, 약간
□ 腰を落とす 허리를 내리다, 낮추다
□ めったに~ない 좀처럼(거의) ~않다
□ 体勢 자세
□ ~ものだから ~(이)므로, ~(이)니까
□ 当の 지금 화제가 되고 있는, 바로 그
□ ~たつもりで (동사 た형에 붙어 실제로는 그렇지 않은데) ~한 셈 치고
□ 猫砂 고양이 배설용 모래로 흡착력·탈취력·흡수력 등이 뛰어난 여러 제품이 시판되고 있음
□ 前足 앞발 ↔ 後(うし)ろ足 뒷발
□ かさかさと 사악사악, 바스락바스락
□ かき集める 그러모으다
□ しぐさ 몸짓, 시늉, 동작
□ 隠す 감추다

いくら叱(しか)っても、効(き)き目(め)はない。たまーに上手(じょうず)に用が足せると、

「偉(えら)いねえ」

と大(おお)げさに誉(ほ)める。めったに誉めない鬼軍曹が誉めてくれるのだから、ビーはとっても喜(よろこ)ぶ。誉められるのがビーは大好(だいす)きで、そうしてもらうと鼻(はな)の穴(あな)がぶーっとふくらんで、ものすごく得意(とくい)そうな顔(かお)になるのだ。ところが誉(ほ)めちぎって、その気(き)にさせようとしても、それはそのときだけのことで、次(つぎ)はまた大放出(だいほうしゅつ)になってしまうのだった。

- □ 叱る 야단치다, 꾸짖다
- □ 効き目 효과, 효능
- □ 偉い 훌륭하다, 장하다
- □ 大げさに 요란스럽게, 과장되게
- □ 誉める 칭찬하다
- □ 喜ぶ 기뻐하다
- □ 鼻の穴 콧구멍
- □ ふくらむ(膨らむ) 부풀다, 불룩해지다, 팽창하다
- □ 得意だ 자랑스러워하다, 우쭐하다, 흐뭇해하다
- □ 誉めちぎる 절찬하다, 격찬하다
- □ 大放出 대방출

아무리 꾸짖어도 효과는 없다. 이따~금 능숙하게 용변을 보면,

"대단해!"

하며 요란을 떨며 칭찬한다. 결코 칭찬하지 않는 무서운 하사관이 칭찬해 주는 거라서 '비'는 대단히 기뻐한다. '비'는 칭찬 듣는 것을 아주 좋아해서 그렇게 해 주면 콧구멍이 확~ 하고 넓어지며 의기양양한 듯한 얼굴이 된다. 그런데 칭찬하고 의기양양하게 해 주려고 해도 그건 그때뿐이고, 그 다음은 또 다시 대방출되어 버리는 것이었다.

仔猫のときはちゃんと用を足すことができた。体も小さいから多少遠くに飛んだとしても、知れていた。ところが大きくなってきたら、まともにおしっこがトイレにしてあることのほうが少なくなってきた。それではと大きなトイレを買ってきてやると、それでも外に大放出する。疲れて帰ってきたアリヅカさんが、外に飛ばされたビーのおしっこを踏んでしまったのも、一度や二度ではない。猫のおしっこは臭いがきつく、お気に入りの靴下を何度もだめにして、彼女はほとほと困っていた。粗相をするたびに[18]叱るのだが、いっこうにビーの尻癖は治る気配がない。最後の手段で、屋根のついたドーム型のトイレを見つけ、それを置いてみたら、

- □ ～としても ~(이)라고 해도, ~(이)라고 쳐도
- □ 知れる 뻔하다, 대수롭지 않다 〈주로 知れた의 형태로 쓰임〉
- □ まともに 똑바로, 건실하게, 착실하게
- □ 飛ばす 날리다, 튀기다
- □ 踏む (발로) 밟다, 디디다
- □ ～度 ~번
- □ 臭い 나쁜 냄새, 악취
- □ きつい 심하다, 고약하다
- □ お気に入り 마음에 듦, 또는 그 사람이나 물건
- □ 靴下 양말
- □ だめにする 망가뜨리다, 못 쓰게 만들다
- □ ほとほと 정말, 아주, 몹시
- □ いっこうに(一向に) 조금도, 전혀
- □ 尻癖 대소변을 지리는 버릇
- □ 治る 고쳐지다, 완치되다 〈治す 고치다〉
- □ 最後 마지막, 최후
- □ 手段 수단
- □ 屋根 지붕, 덮개
- □ つく 붙다, 달리다
- □ ドーム型 돔형, 반구형 모양
- □ 見つける 발견하다, 찾다

새끼 고양이일 때는 제대로 용변을 보았다. 몸도 작아서 다소 멀리 튄다고 해도 대수롭지 않았다. 그런데 커지니까 오줌을 변기 안에 제대로 누는 일이 적어지게 되었다. 그렇다면 하고 커다란 변기를 사다 주자, 그래도 밖에다 대방출한다. 지쳐서 돌아온 아리즈카 씨가 밖에 튄 '비'의 오줌을 밟아 버렸던 일도 한두 번이 아니다. 고양이 오줌은 냄새가 고약해서 마음에 드는 양말을 몇 번이고 못쓰게 만들어 그녀는 정말이지 곤란해하고 있었다. 오줌을 눌 때마다 혼내기는 하는데, '비'의 소변 지리는 버릇은 전혀 고쳐질 기미가 없다. 최후의 수단으로 지붕이 달린 돔 형태의 변기를 발견하고 그것을 놓아 봤더니,

---

18 ～たびに ～(할) 때마다 [동사 기본형, 명사+たびに]

'～하는 그때마다 항상 ～하다'는 뜻을 나타낸다.

旅行(りょこう)に行くたびに雨(あめ)に降(ふ)られて今年も心配(しんぱい)です。
여행 갈 때마다 비가 와서 올해도 걱정입니다.

今度はおしっこは外には出ないものの、臭いがこもって部屋に充満し、頭がくらくらしてくる始末だった[19]。

それから十年以上経っているのに、未だにビーの尻癖は治らない。アリヅカさんがふざけて、適当に節をつけながら、

「ビーの取り柄は顔だけ、顔が命のビー」

と歌うと、ビーはくるりと後ろを向いてしまう。その茶色の背中には、

「知らないよ」

と書いてあるかのようだ。

「どうしてあんたは、いつまでもこうなのかねえ」

- □ 今度 이번, 다음번
- □ ～ものの ～(이)지만, ～이나
- □ こもる (기체, 냄새 등이) 고이다, 자욱하다
- □ 充満 충만, 가득 참
- □ くらくらする 어질어질하다, 아찔아찔하다
- □ ～てくる ～(해)져 오다
- □ 経つ (시간 · 세월이) 지나다, 흐르다, 경과하다
- □ 未だに 아직껏, 아직(까지)도
- □ 治る 고쳐지다, 바로잡히다, (병이) 낫다
- □ ふざける 농담하다, 장난치다
- □ 適当に 적당히
- □ 節をつける 가락을 붙이다
- □ 取り柄 취할 점, 장점
- □ 命 목숨, 생명
- □ くるり(と) 빙글, 빙그르르, 휙
- □ 後ろを向く 뒤를 향하다
- □ 茶色 갈색
- □ 背中 등

이번에는 오줌은 밖으로는 나오지 않지만, 냄새가 고여 방에 가득 차서 머리가 어질어질해질 지경이었다.

그리고 나서 10년 이상 지났는데도 아직도 '비'의 오줌 지리는 버릇은 고쳐지지 않는다. 아리즈카 씨가 장난으로 적당히 가락을 붙여가며,

"비의 장점은 얼굴뿐, 얼굴이 생명인 비."

하고 노래하면 '비'는 획 하고 뒤로 돌아 버린다. 그 갈색 등에는

"난 모르는 일이야."

하고 쓰여 있는 것 같다.

"어째서 넌 언제까지고 이런 걸까?"

19 ~始末だ ~형편(지경)이다 [동사 기본형+始末だ]

누군가의 행동으로 인해 곤란한 상황이나 결과가 좋지 않은 상태임을 나타낸다.

仕事を始めたが失敗(しっぱい)して借金(しゃっきん)だけが残っている始末だ。
일을 시작했지만 실패해 빚만 남아 있는 형편이다.

モリタさんがため息(いき)をつく。ビーの体は後ろを向いているのに、耳はしっかりとこちらのほうを向き、私たちが何というか気(き)になって仕方(しかた)がないのである。

「あーあ、こんなことじゃ大変だから、ちゃんとおしっこができる、かわいい仔猫でも飼(か)おうかな。ビーちゃんも歳(とし)をとってきたし」

ビーはこういう話題(わだい)が大嫌(だいきら)いである。特(とく)におしっこのことをいわれると、

「うぇーうぇー」

と怒(おこ)る。声(こえ)の感(かん)じからして、まさに、

「そんなことをいうな」

といっているとしか思えないのだ。それでも、

「何いってんの。あんたがいけないんでしょ」

- しっかり(と) 똑똑히, 확실히, 빈틈없이
- 気になる 걱정되다, 마음에 걸리다
- 歳をとる 나이를 먹다, 늙다
- 話題 화제
- 大嫌いだ 아주 싫다, 질색이다
- 特に 특히, 특별히
- 怒る 화내다, 성내다
- まさに 정말로, 틀림없이
- ～な (동사 기본형에 붙어 금지를 나타냄) ～(하)지 마
- ～としか～ない ～(이)라고밖에 ～할 수 없다
- いってんの 말하고 있는 거야? 〈いっているの의 회화체〉
- いけない 좋지 않다, 나쁘다

모리타 씨가 한숨을 쉰다. '비'의 몸은 뒤를 향하고 있는데 귀는 확실히 이쪽을 향해 우리들이 뭐라고 하는지 신경이 쓰여 못 견디는 것이다.

"아~아, 이래선 너무 힘드니까, 제대로 오줌 눌 수 있는 귀여운 새끼 고양이라도 키울까. '비'도 나이를 먹어가고 말이야."

'비'는 이런 화제를 아주 싫어한다. 특히 오줌에 관한 얘기를 들으면

"엥~엥~."

하며 화를 낸다. 목소리의 느낌으로 보아 정말로

"그런 말 하지 마."

하고 말하고 있다고밖에 여겨지지 않는다. 그래도

"무슨 소리야? 네가 나쁜 거잖아."

とモリタさんにお尻(しり)を叩(たた)かれると、耳をぺたんと後ろに倒(たお)し、

「これはいかん」

状態になる。そしてまた知(し)らんぷりを装(よそお)いながら、何事(なにごと)もなかったかのように部屋の中を歩(ある)きまわり、私たちの様子(ようす)をうかがっていて、もう怒(おこ)られないと思うと、喉(のど)を鳴(な)らしながら甘えてくるのだ。十二歳(さい)のビーは、猫なりの経験(けいけん)と本能(ほんのう)によって、いろいろなことを考えている。そして私たちの毎日は、ビーに笑(わら)わされたり困(こま)らせられたりの、猫と人間の化(ば)かし合(あ)いみたいな日々(ひび)なのである。

- □お尻 엉덩이, 볼기 〈お는 미화어〉
- □叩く 때리다, 두드리다
- □ぺたん(と) 물건을 가볍게 누르는 모양, 꾹, 착
- □倒す 넘어뜨리다, 넘어뜨리다
- □いかん 안 돼 =いかない・いけない
- □装う 가장하다, 체하다
- □何事 (~も의 꼴로) 모든 일, 아무 일
- □うかがう(窺う) (눈치 등을) 살피다, 엿보다
- □~なり (명사에 붙어) ~나름
- □経験 경험
- □本能 본능
- □~によって ~에 따라, ~에 의해
- □笑わす 웃기다, 웃게 만들다
- □化かし合う 서로 호리다 〈化かす 속여서 남의 정신을 흐리게 하다, 호리다〉
- □~みたいだ ~것 같다 〈동사 보통형, 명사에 붙어 비유를 나타냄〉
- □日々 매일, 나날

하고 모리타 씨에게 엉덩이를 맞으면 귀를 탁 하고 뒤로 넘어뜨리며

"이건 안 돼."

하는 상태가 된다. 그리고 또 모르는 척하며 아무 일도 없었던 것처럼 방안을 걸어 돌아다니며 우리들의 모습을 살피고 있다가, 이제 야단을 안 듣겠지 하는 생각이 들면 소리를 내며 응석을 부리는 것이다. 12살인 '비'는 고양이 나름의 경험과 본능에 따라 여러 가지를 생각하고 있다. 그리고 우리들은 매일 '비'로 인해 웃거나 곤란해 하거나 하며 고양이와 인간이 서로에게 홀린 것 같은 나날을 보내는 것이다.

カラスはこわい、しかし外(そと)に出(で)たい

秋口(あきぐち)のとても気候(きこう)のいい日(ひ)の夜(よる)、ビーの大脱走事件(だいだっそうじけん)が起(お)こった。いつものように外廊下(そとろうか)に出(で)たがったので、ドアを開(あ)けてストッパーで固定(こてい)しておいた。ビーが右に行った姿(すがた)が見え、階下(かいか)に降(お)りる階段(かいだん)の方(ほう)ではなく、ベランダのほうに歩(ある)いて行ったので、安心(あんしん)していたのだ。ところが玄関(げんかん)の前で待(ま)っていても、いつまでたっても戻(もど)ってこない。

- □カラス(烏) 까마귀
- □秋口 초가을
- □気候 기후
- □大脱走 대탈출
- □事件 사건
- □起こる 일어나다
- □いつものように 언제나와 같이, 언제나처럼
- □廊下 복도
- □ストッパー(stopper) 스토퍼, (기계나 문 등의) 정지 장치
- □固定 고정
- □階下 2층 이상의 건물에서의 아래층
- □～方 ~쪽, ~방향
- □いつまで 언제까지
- □戻る 되돌아오다, 되돌아가다

초가을의 날씨가 아주 좋은 어느 날 저녁, '비'의 대탈출 사건이 일어났다. 언제나처럼 바깥 복도에 나가고 싶어하길래, 문을 열고 스토퍼로 고정시켜 놓았다. '비'가 오른쪽으로 가는 모습이 보여, 아래층으로 내려가는 계단 쪽이 아니라 베란다 쪽으로 간 것이라 안심하고 있었다. 그런데 현관 앞에서 기다리고 있어도 아무리 시간이 지나도 돌아오지 않는다.

ペンライトを持(も)ってきて、ベランダを探(さが)してみてもいるはず[20]の場所(ばしょ)にビーの姿はなかった。これは下に降(お)りていったのは間違(まちが)いない。私はペンライトを手に、あわてて外階段を使(つか)って一階(いっかい)に降りていった。もしかしたらと、建物(たてもの)の横(よこ)の通路(つうろ)から外をのぞいてみて、私は凍(こお)り付(つ)いた。前(まえ)の道路(どうろ)に出たビーが尻尾(しっぽ)をぴんと立(た)てて、あたりを見渡(みわた)し、左に歩いていこうとしていたからである。

「ビーちゃん、戻(もど)りなさい！」

□ ペンライト(penlight) 만년필 형의 소형 전등
□ 探す 찾다
□ もしかしたら 어쩌면, 혹시
□ 通路 통로, 길
□ のぞく(覗く) (좁은 틈으로) 들여다보다, 엿보다
□ 凍り付く 얼어붙다
□ 道路 도로
□ 尻尾 (동물, 짐승의) 꼬리
□ ぴんと 꼿꼿이
□ 立てる 세우다
□ あたり(辺り) 부근, 주의
□ 見渡す 훑어보다, 멀리까지 널리 바라보다

회중전등을 들고 와 베란다를 찾아보아도 있어야 할 곳에 '비'의 모습은 없었다. 이것은 아래로 내려간 것이 틀림없다. 나는 회중전등을 들고 서둘러 바깥 계단을 이용해 1층으로 내려갔다. 혹시나 하고 건물 옆 통로에서 밖을 엿보다가 나는 얼어붙었다. 앞 도로로 나간 '비'가 꼬리를 빳빳이 세우고 주위를 둘러보고는 왼쪽으로 걸어가려고 하고 있었기 때문이다.

"비, 돌아와!"

20 **~はずだ (당연히) ~할 것이다**

[동사 · い형용사의 보통형, な형용사な, 명사の+はずだ]

객관적인 근거에 입각한 판단으로 확신을 가지고 추측하는 표현이다. 근거가 있는 추량 표현으로 당연한 귀결을 나타낸다.

小包(こづつみ)は本日(ほんじつ)出(だ)したから来週(らいしゅう)には着(つ)くはずです。 소포는 오늘 보냈으니까 다음 주에는 도착할 것입니다.

他人(たにん)の部屋の前だろうが、そんなことはおかまいなしで私は怒鳴(どな)り、あわてて外に出た。ところがビーの姿は忽然(こつぜん)と消(き)えていた。バイクが通(とお)り、犬(いぬ)を散歩(さんぽ)させている人もいる。もともとは臆病(おくびょう)な猫だから、びっくりしてパニックになり、近所(きんじょ)の家の庭(にわ)にもぐりこんでしまう可能性(かのうせい)だってある。私はこれはなんとかしなければとあせりまくり、まずは左側(ひだりがわ)に建(た)っているアパートを探(さが)してみた。ペンライトで照(て)らしながら、

「ビーちゃん、出ていらっしゃい」

- □ おかまいなし(おかまい無し) 개의치 않음, 아랑곳하지 않음
- □ 怒鳴る 호통치다, 야단치다
- □ 忽然と 홀연히
- □ 消える 사라지다, 없어지다
- □ バイク(bike) 오토바이
- □ 通る 지나다, 통과하다
- □ 散歩する 산책하다
- □ もともと(元々) 원래
- □ 臆病 겁이 많음, 또는 그런 사람
- □ びっくりする 깜짝 놀라다
- □ パニック(panic) 공포, 혼란, 공황 상태
- □ 可能性 가능성
- □ ～だって ~도, ~조차
- □ なんとか 어떻게든
- □ あせる(焦る) 초조해하다, 안달하다
- □ ～まくる (동사 ます형에 붙어) 계속 ~해대다, 마구 ~하다
- □ 建つ (건조물이) 축조되다, 서다
- □ アパート 한국의 '연립주택'과 비슷함
- □ 照らす 비추다, 비추어서 밝히다

남의 집 앞일 텐데 그런 것은 아랑곳 않고 나는 소리치며 서둘러 밖으로 나갔다. 그런데 '비'의 모습은 홀연히 사라지고 없었다. 오토바이가 다니고 개를 산책시키고 있는 사람도 있다. 원래 겁 많은 고양이라서 깜짝 놀라 패닉 상태가 되어, 근처 집의 정원으로 기어들어가 버릴 가능성도 있다. 나는 어떻게든 해야겠다 싶어 초조해하며 우선은 왼쪽에 서 있는 연립주택을 찾아보았다. 회중전등으로 비추면서

"비야~, 이리 나온."

と猫なで声で語りかける。しかしどこにも姿は見えない。私は途方にくれながらも[21]、周辺を

「ビーちゃん、ビーちゃん」

と呼びながら探した。歩いている人からは不思議そうな顔をされたりしたが、そんなことにかまってはいられなかった[22]。自分の家の猫ならともかく、ビーは隣の家の猫である。万が一のことがあったら、飼い主のモリタさんに何といってよいかわからない。

約三十分の間、探してみたが、ビーはみつからなかった。

- □ 猫なで声(猫撫で声) (고양이를 쓰다듬을 때 내는 것과 같은) 애교 섞인 간지러운 소리
- □ 語りかける 말을 건네다, 부르다
- □ 途方にくれる(暮れる) 어찌할 바를 모르다
- □ 周辺 주변
- □ 不思議だ 이상하다
- □ ~顔をする ~얼굴을 하다, ~표정을 짓다
- □ かまう(構う) 상관하다, 신경 쓰다
- □ ともかく 차치하고, 별도의 문제로 하고
- □ 万が一 만의 하나
- □ みつかる(見つかる) 찾게 되다, 발견되다

하고 간살스런 목소리로 부른다. 그러나 어디에도 모습은 보이지 않는다. 나는 어쩔 줄 몰라 하면서도 주변을

"비야, 비~."

하고 부르며 찾아다녔다. 걷고 있는 사람들은 이상한 듯한 얼굴로 쳐다보기도 했지만 그런 것에 신경 쓰고 있을 수는 없었다. 우리 집 고양이라면 몰라도 '비'는 옆집 고양이다. 만에 하나라도 무슨 일이라도 생긴다면 주인인 모리타 씨에게는 뭐라고 말해야 좋을지 난감했다.

한 30분 동안 찾아보았지만 '비'는 보이지 않았다.

21 ～ながらも ~(하)면서도

[동사 ます형, い형용사 보통형, な형용사 어간, 명사+ながらも]

앞뒤 사항이 서로 모순된 관계에 있음을 나타낸다.

昨年(さくねん)コンピューター業界(ぎょうかい)は、赤字(あかじ)ながらも売上(うりあげ)は増加(ぞうか)した。 작년 컴퓨터 업계는 적자이면서도 매출은 증가했다.

22 ～てはいられない ~(하)고 있을 수는 없다 [동사 て형+はいられない]

절박한 상황이라 그와 같은 행동을 계속해서는 안 된다는 뜻을 나타낸다.

いつまでも雷(かみなり)におびえてはいられないよ。
언제까지나 번개에 벌벌 떨고 있을 수는 없어.

いつまでも落(お)ち込(こ)んではいられないよね。
언제까지나 침울해 하고 있을 수는 없어.

「もしかしたら、ドアを開けていれば帰ってくるかもしれない[23]」

と思(おも)い直(なお)し部屋に戻(もど)ることにした。外階段を上(あ)がりながら、あちらこちらをライトで照(て)らしてみたが姿はない。犬が吠(ほ)えているのを聞(き)けば、もしかしてビーが吠えられているのではないかと心配(しんぱい)になる。もう一度、探しにいこうかと思(おも)いつつ[24]、ふと開(あ)けっ放(ぱな)しにしてきたドアの前を見ると、ビーがちょっと伏(ふ)し目(め)がちになりながら、こちらを向(む)いて、きちんとお座(すわ)りしているではないか。

「どうしたの、ビーちゃん。帰って来てたの？」

- □ 思い直す 생각을 다시하다, 재고하다
- □ ~直す (동사 ます형에 붙어) 다시(고쳐) ~하다
- □ 吠える 짖다, 으르렁거리다
- □ もしかして 혹시, 만일, 어쩌면
- □ 心配になる 걱정이 되다
- □ ふと 문득
- □ 開けっ放し (문 등을) 연 채로 둠, 또는 그런 상태
- □ ~っ放し (동사 ます형에 붙어) ~채로 그대로 둠
- □ 伏し目 눈을 내리뜸, 시선을 내리깖
- □ きちんと 정확히, 똑바로

"어쩌면 문을 열어두면 돌아올지도 몰라."

하고 생각을 바꿔 집으로 돌아가기로 했다. 바깥 계단을 올라가면서 이쪽저쪽을 전등으로 비춰보았지만 모습은 없다. 개가 짖고 있는 소리를 들으면 혹시 '비'한테 짖고 있는 건 아닐까 하고 걱정이 된다. 다시 한번 찾으러 나갈까 생각하면서 문득 열어 둔 채로 하고 온 문 앞을 보니, '비'가 눈을 약간 내리까는 듯한 모습으로 이쪽을 향하여 똑바로 앉아 있는 것이 아닌가?

"어떻게 된 거야, 비? 돌아와 있었던 거야?"

---

23 ～かもしれない ～(일)지도 모른다

[동사 · い형용사의 보통형, な형용사 어간, 명사+かもしれない]

불확실한 추측을 나타낸다.

新(あたら)しい会社に慣(な)れるまでには時間がかかるかもしれません。
새 회사에 익숙해지기까지는 시간이 걸릴지도 모릅니다.

24 ～つつ ～하면서 [동사 ます형+つつ]

두 가지 동작을 동시에 하는 것을 나타낸다.

青い海を眺(なが)めつつ、テーブルでのお昼を楽しむこともできます。
푸른 바다를 바라보면서 테이블에서 점심을 즐길 수도 있습니다.

声をかけるとビーはごろごろと喉を鳴らし、私の脚にまとわりついてきた。どうも私が一階で怒鳴って、外に出るのと入れ違いに、ビーはびっくりして部屋に戻ってきていたらしい。それを私は外に出ていったままと勘違いして、探しまくっていたというわけのようだ。きっとビーは私が名前を呼んで探しているのを聞いて、気がとがめてドアの前でじっとお座りしていたのだろう。

「あー、よかった」

一気に力が抜けた。ビーを抱っこして、私はよろよろと部屋の中に入った。

- □脚 다리
- □どうも 아무래도, 어쩐지
- □入れ違い 엇갈림
- □勘違い 착각, 오해
- □気がとがめる 마음이 꺼림칙하다, 속이 켕기다
- □一気に 단숨에, 단번에
- □力が抜ける 힘이 빠지다
- □抱っこする 안다, 안기다
- □よろよろ(と) 비틀비틀

말을 거니 '비'는 갸릉갸릉하고 소리를 내며 내 다리에 착 달라붙었다. 아무래도 내가 1층에서 소리치며 밖으로 나가는 것과 엇갈려, '비'는 놀라서 집으로 돌아와 있었던 것 같다. 그것을 나는 밖에 나간 채 안 돌아온 거라고 잘못 알고 계속 찾으러 헤매고 다닌 것 같다. 틀림없이 '비'는 내가 이름을 부르며 찾고 있는 것을 듣고 마음이 켕겨서 문 앞에 가만히 앉아 있었던 것이겠지.

"아~, 다행이다."

단번에 힘이 빠졌다. '비'를 껴안고 나는 비틀비틀하고 집 안으로 들어갔다.

そんな大脱走(だいだっそう)をしながらも、秋の終(お)わりから冬(ふゆ)になると、ちょっと様子が変(か)わってきた。いちおう、ドアの前に座って私の顔を見上(みあ)げ、

「開(あ)けて」

といいたげに、鼻にかかった甘(あま)え声(ごえ)でしつこく鳴くのは同じであるが、ドアを開けてやると弾丸(だんがん)のように外廊下に飛(と)び出(だ)していっても、すぐ帰ってくるようになった。あまりにあっさりしているものだから、

「どうしたの？ 珍(めずら)しいじゃない」

□秋の終わり　가을이 끝날 무렵
□変わる　바뀌다, 변하다
□～げ　(동사 ます형 · い형용사 어간 · 명사에 붙어) ~(상태, 느낌, 기색)임을 나타냄 〈満足(まんぞく)げに 만족스러운 듯이〉
□鼻にかかる　콧소리를 하다
□甘え声　응석부리는 목소리, 어리광부리는 목소리
□しつこい　끈질기다, 집요하다
□弾丸　탄환
□飛び出す　뛰어나오(가)다, 뛰쳐나오다
□あっさり　간단히, 선선히, 시원스레
□珍しい　진귀하다, 드물다

그런 대탈출을 하면서도 가을의 끝자락에서 겨울이 되자 사정은 조금 달라졌다. 일단 문 앞에 앉아 내 얼굴을 올려다보며,

"열어 줘."

하고 말하고 싶은 듯 콧소리 섞인 응석부리는 목소리로 끈덕지게 우는 것은 마찬가지지만, 문을 열어 주면 총알처럼 바깥 복도로 달려 나가도 금방 돌아오게 되었다. 너무나도 쉽게 돌아오길래,

"어떻게 된 거야? 신기하네."

といいながら、外廊下に立って見ていると、いちおうは、たったったっと走って、いちばん端っこまでは行ってみる。その間、外廊下に置いてある自転車や、風に吹き上げられて落ちているゴミや花びらの匂いをかいだりはする。しかし以前のようにそこでごろりと転がったりすることはなくなった。とにかく、たったったっと小走りに歩いて、チェックをすませると、そそくさと部屋に入ってしまうのである。

「どうしたのかしら」

- □ 端っこ　끝, 끄트머리
- □ 自転車　자전거
- □ 吹き上げる　바람이 불어서 날아오르게 하다
- □ 落ちる　떨어지다
- □ ゴミ　쓰레기, 먼지, 티끌
- □ 花びら　꽃잎
- □ 匂い　냄새, 향기
- □ かぐ(嗅ぐ)　(냄새를) 맡다
- □ ごろり(と)　데구루루
- □ 小走り　종종걸음
- □ チェック(check)　체크
- □ すませる(済ませる)　끝내다, 마치다
- □ そそくさ(と)　허둥지둥

하고 말하며 바깥 복도에 서서 보고 있노라면, 일단은 탁탁탁 하고 달려 나가 제일 끝까지는 가 본다. 그 사이 바깥 복도에 놓여져 있는 자전거며 바람에 날려 떨어져 있는 쓰레기며 꽃잎들의 냄새를 맡거나 한다. 그러나 이전처럼 거기에서 데구루루 구르거나 하는 일은 없어졌다. 어쨌거나 탁탁탁 하고 종종걸음으로 걸어가 체크를 마치면, 허둥지둥 집으로 들어와 버리는 것이다.

"어찌된 일일까?"

北向(きたむ)きの外廊下は夏場(なつば)でもひんやりしているくらいだから、冬になるととても冷(ひ)えてくる。床(ゆか)が冷(つめ)たいので、ビーも早足(はやあし)で歩かざるをえなく[25]なっていた。

小走りのビーのあとをくっついて、

「ここを歩くと、肉球(にくきゅう)が冷えるようになったねえ」

と声をかけると、

「んー」

と返事(へんじ)をする。

「やっぱり、肉球が冷たくなるのは嫌(いや)なんだね」

と聞いてみると、

「んー」

- □ 北向き 북향
- □ 夏場 여름철
- □ ひんやり 싸늘한 모양, 썰렁
- □ 冷える 차가워지다, 추워지다
- □ 床 바닥
- □ 冷たい 차다, 차갑다
- □ 早足 빠른 걸음
- □ くっつく 달라붙다
- □ 肉球 고양이과 동물 발바닥의 볼록하게 나온 털이 없는 부드러운 부분
- □ 返事をする 대답하다, 답장하다
- □ やっぱり 역시, 과연 〈やはり의 힘줌말〉

북향인 바깥 복도는 여름철에도 싸늘할 정도라, 겨울이 되면 아주 추워진다. 바닥이 차서 '비'도 빠른 걸음으로 걷지 않을 수 없게 되었다.

종종걸음으로 걷는 '비'의 뒤에 딱 달라붙어,

"여기를 걸으니까 발바닥이 차가워졌지?"

하고 말을 걸면,

"응~."

하고 대답을 한다.

"역시 발바닥이 차가워지는 건 싫지?"

하고 물어 보면,

"응~."

---

25 ～ざるをえない ～(하)지 않을 수 없다, ～(할) 수밖에 없다

[동사 ない형+ざるをえない]

자신의 의지와는 달리 다른 방법이 없거나 사정이 있어서 그렇게 해야 하는 경우에 쓴다. する는 せざるをえない, 来る는 こざるをえない가 된다.

これだけの仕事があるから残業(ざんぎょう)したくなくてもせざるをえない。
일이 이렇게나 있어서 잔업하고 싶지 않아도 하지 않을 수 없다.

という。いくら肉球が冷えるとはいえ[26]、これまでに外廊下に出る習慣がついていたので、毎日一回は、ちょこちょこと小走りで外廊下を往復するのはやめなかった。外廊下に出さないと、いつまでもうるさく鳴いているのだが、一度でも出てしまうと、納得しておとなしくなる。夏場のようにものすごい勢いで脱走したり、頭を使って階下に降りようとすることは、一切なくなった。外にでる欲求と、冷えを秤にかけると、さすがのビーも外に出るのを控えるようになったというわけなのだ[27]。

- □これまで 지금까지, 이제까지
- □習慣がつく 습관이 배다
- □ちょこちょこ(と) 아장아장
- □往復 왕복
- □やめる(止める) 그만두다
- □うるさい 시끄럽다, 까다롭다
- □納得 납득
- □勢い 기세, 힘
- □頭を使う 머리를 쓰다
- □一切 전부, 일절
- □欲求 욕구
- □秤にかける (득실을) 저울질하다, 저울에 달다
- □さすが 그토록 대단한, 과연
- □控える 삼가다, 줄이다

하고 대답한다. 아무리 발바닥이 차가워진다고는 해도 이제까지 바깥 복도에 나가는 습관이 배어 있어서, 매일 한 번은 아장아장 종종걸음으로 바깥 복도를 왔다갔다하는 일은 그만두지 않았다. 바깥 복도에 내보내 주지 않으면 언제까지고 시끄럽게 울어 대는데, 한 번이라도 나가면 수긍하고 온순해진다. 여름처럼 굉장한 기세로 탈출하거나 머리를 써서 아래층으로 내려가려고 하는 일은 일절 없어졌다. 밖으로 나가고자 하는 욕구와 추위를 저울질해 보면, 그 대단한 '비'도 밖으로 나가는 것을 삼가하게 되었다는 것이다.

---

26 ~とはいえ ~(이)라고 해도

[동사 · い형용사 보통형, 명사 · な형용사 어간(だ)+とはいえ]

앞의 내용을 인정하면서 그것과는 반대되는 내용을 뒤에서 덧붙일 때 사용한다.

春とはいえまだまだ寒い日が続(つづ)いています。
봄이라고는 해도 아직 추운 날이 계속되고 있습니다.

27 ~というわけだ ~(이)라는 것이다

무엇인가를 설명하는 경우에 사용하는 표현으로, 결론 · 이유 · 말의 전환을 나타낸다.

この薬(くすり)を飲んで風邪(かぜ)が治(なお)ったというわけではない。
이 약을 먹고 감기가 나았다고 할 수는 없다.

その日はいつもよりも暖かい日だった。ビーはいつものように、玄関のドアの前に座り、私の顔を見上げて、出してくれといって鳴いた。

「今日は暖かいからいいね」

といいながらドアを開けてやると、喜んで外に出ていった。最近は階下に降りようとしなくなったといっても、ビーはお調子者で有名である。こちらの気がゆるんでいるのを察知すると、裏をかいて一気に階段を駆け下りてしまう可能性もある。だから私はジャケットをはおり、ドアの前でじっと監視していた。外廊下のはじっこまで、たったったっと走っていくと、そこでビーが空の一点を見つめている。何を見ているのかと視線を追うと、隣の家の屋根にカラスが一羽とまっていた。

그날은 여느 때보다도 따뜻한 날이었다. '비'는 언제나처럼 현관문 앞에 앉아 내 얼굴을 올려다보며 내보내 달라고 울었다.

"오늘은 따뜻하니까 괜찮겠지?"

하고 말하며 문을 열어 주니 기뻐하며 밖으로 나갔다. 요즘에는 아래층으로 내려가려고 하지 않게 되었다고 해도 '비'는 분위기에 따라 금방 우쭐해지기로 유명하다. 이쪽이 긴장이 풀어진 걸 눈치 채면 허를 찌르고 단숨에 계단을 달려 내려가 버릴 가능성도 있다. 그래서 나는 재킷을 걸치고 문 앞에서 가만히 감시하고 있었다. 바깥 복도 구석까지 탁탁탁 하고 달려가더니, 거기서 '비'가 하늘의 한 곳을 응시하고 있었다. 무엇을 보고 있는 걸까 하고 시선을 좇아가니 옆집 지붕에 까마귀가 한 마리 앉아 있었다.

- □ **最近** 최근, 요즘
- □ **お調子者** 칭찬을 해주면 금방 의기양양해져 힘이 나는 사람, 우쭐해져 경박한 행동을 하는 사람
- □ **気がゆるむ(緩む)** 긴장이 풀어지다, 느슨해지다
- □ **察知する** 눈치를 채다, 살펴서 알다
- □ **裏をかく** 상대방의 의표를 찌르다
- □ **駆け下りる** 뛰어 내려가다
- □ **ジャケット(jacket)** 재킷
- □ **はおる(羽織る)** 옷 위에 걸쳐 입다, 걸치다
- □ **監視** 감시
- □ **はじっこ(端っこ)** 구석, 가, 끝
- □ **一点** 한 곳, 한 점
- □ **見つめる** 응시하다, 열심히 바라보다
- □ **視線** 시선
- □ **追う** 뒤쫓아가다
- □ **とまる** (새 · 벌레 등이) 앉다, 멈추다
- □ **～羽** (새 · 토끼를 셀 때) ~마리 〈さんば 세 마리, なんば 몇 마리〉

このあたりは最近、カラスがとても多くなってきている。特(とく)にゴミの日にはどこからこんなに集(あつ)まってきたのかというくらい、徒党(ととう)を組(く)んで飛(と)んでくる。それが収集(しゅうしゅう)する前のゴミをあさり、ひと休(やす)みをしているのか、民家(みんか)の塀(へい)にとまって、かあかあと鳴(な)いている。あの大きなカラスが十羽(じゅうわ)、ずらっと並(なら)んでじっとこちらを見ている前を通(とお)るのは、ちょっと恐(こわ)い。私は子供のころに、明治神宮(めいじじんぐう)でカラスをからかったことがある。そのときは何の反撃(はんげき)もしなかったのに、私が後ろをむいた瞬間(しゅんかん)に、頭のすれすれをねらってものすごい勢(いきお)いで飛んで来た。私は、

「ぎゃー」

- □ 集まる　모이다, 모여들다
- □ 徒党を組む　무리를 짓다
- □ 収集　수집, 수거
- □ あさる(漁る)　(손에 넣으려고) 찾아다니다, 뒤지고 다니다, (물고기 · 조개 등을) 잡다
- □ ひと休み(一休み)　잠깐 쉼, 한숨
- □ 民家　민가
- □ 塀　담, 울타리
- □ ずらっと　죽 늘어선 모양, 죽 ＝ずらりと
- □ 並ぶ　줄을 서다, 늘어서다, 나란히 서다
- □ 明治神宮　메이지 신궁 〈일본 근대화에 큰 영향을 끼친 메이지 일왕 부부의 덕을 기리기 위해 세워진 신사로 토쿄 시부야구(渋谷区)에 있음〉
- □ からかう　놀리다, 조롱하다
- □ ～たことがある　~(한) 적이 있다 〈과거의 경험을 나타냄〉
- □ 反撃　반격
- □ 瞬間　순간
- □ すれすれ　거의 스칠 정도로 가까워짐, 닿을락 말락함
- □ ねらう(狙う)　겨냥하다, 노리다

이 부근에는 최근에 까마귀가 아주 많아지고 있다. 특히 쓰레기 버리는 날에는 어디서 이렇게 모여드는 걸까 할 정도로 무리지어 날아든다. 그게 수거하기 전의 쓰레기를 뒤지고 다니다가 잠깐 쉬고 있는 건지, 민가의 담에 앉아 까악까악하고 울어대고 있다. 그 커다란 까마귀가 열 마리 죽 늘어서서 물끄러미 이쪽을 바라보고 있는 앞을 지난다는 것은 좀 무섭다. 나는 어렸을 적 메이지 신궁에서 까마귀를 놀린 적이 있다. 그때는 아무런 반격도 하지 않았는데 내가 뒤를 향하는 순간 내 머리에 닿을락 말락한 곳을 겨냥하여 굉장한 기세로 날아 왔다. 나는

"꺄악!"

と叫びながら、びっくり仰天して逃げたのだが、あれ以来、どうもカラスは苦手になった。よくみると、カラスの濡れ羽色というくらい、青、紺、黒のグラデーションのきれいな色をしているのだが、あの太いくちばしを見ると、いまだにちょっと腰が引けてしまうのである。

しかしビーにとっては、雀もカラスもただの鳥でしかないのか、屋根の上にとまっているカラスに興味を示し、

「捕ってやるぞ」

というような素振りで、じっとカラスを見つめていた。そのときカラスがふわっと飛んで、外廊下の目隠し用の不透明ガラスの上、ちょうどビーの頭の上の位置に飛び移ってきた。カラスが飛んだものだから、それにつられてビーは後ろ足で立ち上がり、前足を外廊下の壁について、カラスを見上げる形になった。私は、

하고 소리지르며 기절초풍하여 도망쳤었는데, 그때 이후 까마귀는 어쩐지 질색하게 되었다. 잘 보면 '까마귀의 깃털처럼 촉촉한 검은색'이란 말이 있을 정도로 파랑, 감색, 검정색의 그러데이션으로 예쁜 색을 하고 있는데, 그 두꺼운 부리를 보면 아직까지도 좀 주눅이 들어 버린다.

그러나 '비'에게 있어서는 참새도 까마귀도 그저 새일 뿐인지, 지붕 위에 앉아 있는 까마귀에게 흥미를 보이며

'잡아 버릴 테다.'

라는 듯한 태도로 가만히 까마귀를 주시하고 있었다. 그때 까마귀가 휙 하고 날아올라 바깥 복도의 가리개용 불투명 유리 위, 바로 '비'의 머리 윗부분으로 날아왔다. 까마귀가 날아오르니까 그에 이끌려 '비'는 뒷다리로 일어서며 앞발을 바깥 복도의 벽에 붙이고 까마귀를 올려다보는 식이 되었다. 나는,

- □ 叫ぶ 외치다, 소리 지르다
- □ びっくり仰天する 매우 놀라다, 크게 놀라다
- □ 逃げる 도망가다
- □ カラスの濡れ羽色 물에 젖은 까마귀 깃털처럼 촉촉하며 윤이 나는 검은색
- □ 紺 감색
- □ グラデーション(gradation) 그러데이션
- □ くちばし (새의) 부리
- □ いまだに 아직도, 여지껏
- □ 腰が引ける 주눅이 들다
- □ 雀 참새
- □ 示す 보이다, 나타내 보이다
- □ 捕る 잡다
- □ 素振り 입밖으로 내지는 않지만 표정이나 동작에 나타나는 모습, 기미, 기색
- □ ふわっと 가볍고 부드럽게 움직이는 모양
- □ 目隠し 집 안이 밖에서 들여다보이지 않도록 가림 또는 그 가리개
- □ ～用 ～용
- □ 不透明 불투명
- □ 位置 위치
- □ 飛び移る (새 등이) 날아 다른 곳으로 옮기다
- □ つられる 이끌리다, 말려들다, 유혹되다
- □ 立ち上がる 일어서다, 솟아오르다
- □ 壁につく 벽에 대다, 벽에 붙다
- □ 形 모양, 형태

「あら、カラスが近寄ってきた。どうするのかしら」

と眺めていた。

ビーはさっきと同じ体勢のまま、じーっとカラスを見上げている。するとカラスは翼を広げて、ビーの鼻先、すれすれのところまで顔を近づけ、羽を二、三回、ばたばたと動かした。全く、猫を猫とも思っていない態度である。するとそれを見ていたのか、どこからともなく、二羽のカラスが、

「かあかあ」

と鳴きながら飛んできた。ビーが立っている位置から見て、横にある目隠しのところにとまり、また羽をばたばたさせた。つまりビーは外廊下のどんづまりで、三羽のカラスに囲まれてしまったのである。

'어머, 까마귀가 다가왔네. 어떻게 하려는 걸까?'

하고 바라보고 있었다.

'비'는 아까와 같은 자세로 물끄러미 까마귀를 올려다보고 있다. 그러자 까마귀는 날개를 펼치며 '비'의 코끝 닿을락 말락한 곳까지 얼굴을 갖다 대며 날개를 두세 번 펄럭펄럭하고 움직였다. 정말이지 고양이를 고양이로도 생각지 않는 태도이다. 그러자 그것을 보고 있던 건지 어디선지 모르게 두 마리의 까마귀가

'까악까악.'

하고 울면서 날아왔다. '비'가 서 있는 위치에서 보아 옆에 있는 가리개 있는 곳에 앉아 또 날개를 퍼덕거렸다. 즉, '비'는 바깥 복도 아래의 막다른 곳에서 세 마리의 까마귀에 둘러싸여 버린 것이다.

- □ **近寄る** 다가가다, 다가오다
- □ **眺める** 지긋이 보다, 관망하다
- □ **体勢** (어떤 행동을 할 때의) 몸의 자세
- □ **～まま(で)** ~채 〈い형용사 기본형 · な형용사 な · 명사の에 붙어 변함없이 같은 상태라는 뜻을 나타냄〉
- □ **翼** 날개
- □ **広げる** 넓히다, (접어 놓은 것을) 펼치다
- □ **鼻先** 코끝
- □ **近づく** 다가가다
- □ **羽** 날개, 새털, 깃
- □ **ばたばた** 펄럭펄럭, 푸드득
- □ **全く** 정말로, (부정어와 함께) 전혀
- □ **態度** 태도
- □ **どこからともなく** 어디선지 모르게
- □ **つまり** 즉, 요컨대
- □ **どんづまり**(どん詰まり) 막다른 곳
- □ **囲む** 둘러싸다

私はそれを後ろから見ていて、

「いったい何が起(お)こるのだろうか」

とどきどきした。しかしまだ私がしゃしゃり出(で)ていくタイミングではないと判断(はんだん)した。そういう状況(じょうきょう)になったとき、ビーは猫として反撃(はんげき)するのか、それとも尻尾(しっぽ)を巻(ま)いてそそくさと逃(に)げてくるのか、いったいどうするのかに興味(きょうみ)があったからである。三羽のカラスは、とまったまま体勢を低(ひく)くして、ビーにとびかかりそうな格好(かっこう)をする。もしそれが漫画(まんが)や絵本(えほん)であったなら、

「ほーれ、突(つ)っつくぞ」

とせりふが書かれるような態度(たいど)であった。

- □ どきどきする　두근두근하다
- □ しゃしゃり出る　잘난 체하고 나서다, 넉살 좋게 앞에 나서다
- □ タイミング(timing)　타이밍
- □ 判断　판단
- □ 尻尾を巻く　항복하다 〈巻く 말다, 감다〉
- □ そそくさ(と)　침착하지 못하고 서두르는 모양, 허둥지둥
- □ いったい　도대체, 대관절
- □ とびかかる(飛び掛かる)　덤벼들다, 대들다
- □ 格好　모양, 모습
- □ もし　만약, 만일
- □ 漫画　만화
- □ 絵本　그림책
- □ ほれ　(상대의 주의를 끌 때) 이봐, 자 ＝ほら
- □ 突っつく　쪼다, 쪼아 먹다 ＝つつく
- □ ～ぞ　~(할) 테다 〈스스로에게 다짐하거나 판단할 때 씀〉
- □ せりふ(台詞)　대사

나는 그것을 뒤에서 보고 있다가,

'도대체 무슨 일이 일어나는 걸까?'

하고 가슴이 두근두근거렸다. 그러나 아직 내가 덥석 나설 타이밍이 아니라고 판단했다. 그러한 상황이 되었을 때 '비'는 고양이로서 반격할지, 그렇지 않으면 꼬리를 내리고 허둥지둥 도망쳐 올지, 도대체 어떻게 할 것인지에 흥미가 있었기 때문이다. 세 마리의 까마귀는 앉은 채로 자세를 낮추어 '비'에게 달려들 듯한 태세를 취한다. 만약 그게 만화나 그림책이었다면,

'이 녀석, 쪼아 버릴 테다.'

라는 대사가 쓰여질 듯한 태도였다.

（ほら、どうするんだ、ビー）

私は心の中でいった。ところがビーはさっきの体勢のまま、後(うし)ろ足(あし)で立(た)ち、前足(まえあし)を壁(かべ)につけたその格好(かっこう)で、まるで置物(おきもの)のように固(かた)まってしまったのであった。

それを見たカラスは、何度(なんど)も何度も、

「ほーれ、突(つ)っつくぞ」

というようにビーをからかい、羽をばたばたさせている。からかいたい放題(ほうだい)、ビーをからかっているのがわかった。しかしビーは相変(あいか)わらず、反撃(はんげき)するどころか、かっちかちに固まっていて声も出ない。

「これは、まずい」

と判断(はんだん)した私は、

「どうしたの、ビーちゃん」

□置物 장식품
□固まる 굳어지다, 단단해지다
□～放題 (동사 ます형, たい에 붙어) ~(하)고 싶은 대로 함
□相変わらず 여전히, 변함없이
□かっちかち 몹시 딱딱한 모양 〈かちかち를 강하게 발음한 말〉
□まずい 거북하다, 난처하다

'이봐, 어떡할 거야, 비?'

나는 마음속으로 말했다. 그런데 '비'는 아까 자세 그대로 뒷다리로 서서 앞발을 벽에 붙인 그 모습으로, 마치 장식품처럼 굳어 버린 것이었다.

그것을 본 까마귀는 몇 번이고 몇 번이고

'이 녀석, 쪼아 버릴 테다.'

라고 말하는 듯 '비'를 놀리며 날개를 퍼덕퍼덕거리고 있었다. 놀리고 싶은 만큼 실컷 '비'를 놀리고 있다는 것을 알았다. 그러나 '비'는 여전히 반격은커녕 꽁꽁 얼어붙어서 목소리도 나오지 않는다.

'이거 안 되겠군.'

하고 판단한 나는

"어떻게 된 거야, 비?"

と声をかけながら、ゆっくり外廊下を歩いていった。私が近づいていってもカラスは逃げようとしない。やっとビーにさわれるくらいに近づくと、しぶしぶという感じで、三羽のカラスはゆっくりと飛び立っていった。

「びっくりしたねえ」

ビーを抱き上げて話しかけると、必死で私の体にしがみついてくる。目はうつろで放心状態だ。

「怖かったねえ」

何の反応もない。

「大丈夫？」

体をさすってやると、しばらくしてやっと喉をごろごろと鳴らしはじめた。

- □やっと　겨우, 간신히
- □さわる(触る)　닿다, 건드리다
- □しぶしぶ　마지못해
- □飛び立つ　날아가다, 날아오르다
- □抱き上げる　안아 올리다
- □必死　필사
- □しがみつく　매달리다, 달라붙다
- □うつろ(虚ろ)　공허, 텅 빔
- □放心　방심, 멍함
- □反応　반응
- □さする(擦る)　쓰다듬다, 어루만지다
- □しばらくして　잠시 뒤, 잠깐 후에
- □～はじめる　(동사 ます형에 붙어) ~(하)기 시작하다

하고 말을 걸며 천천히 바깥 복도를 걸어갔다. 내가 다가가도 까마귀는 달아나려고 하지 않는다. 겨우 '비'에게 닿을 수 있는 정도로 가까이 다가가자, 마지못해서 그러는 듯 세 마리의 까마귀는 천천히 날아가 버렸다.

"깜짝 놀랐지?"

'비'를 안아 올리며 말을 걸자 필사적으로 내 몸에 달라붙어 온다. 눈은 멍하니 넋이 나간 상태이다.

"무서웠지?"

아무런 반응도 없다.

"괜찮니?"

몸을 쓰다듬어 주니, 잠시 있다가 겨우 목을 갸릉갸릉거리며 소리를 내기 시작했다.

　部屋に戻って気分が落ち着いてきたら、さすがのビーも腹が立ってきたのか、私の履いているウールの室内履きに八つ当たりしていた。両前足でがしっと甲の部分をつかみ、がぶっとかみつく。そしてその次には体を横にして前足で室内履きを抱え、後ろ足で何度もキックをくらわすのである。

「ねえ、面白くないのはわかるけどさ。どうしてこれに当たるのよ」

　そういってもビーの気持ちは収まらないらしく、いつまでも私の室内履きを怒りのはけ口にしていた。その日は外に出してくれとねだらないどころか、玄関のドアにすら、近づかなかったのだった。

- □ 気分が落ち着く　기분이 안정(진정)되다
- □ 腹が立つ　화가 나다
- □ ウール(wool)　울, 양털 모직물
- □ 室内履き　실내화
- □ 八つ当たり　(관계가 없는 사람에게) 화풀이를 함
- □ がしっと　단단히, 꽉
- □ 甲　(손, 발의) 등
- □ つかむ(摑む)　움켜쥐다, 붙잡다
- □ がぶっと　입을 벌리고 단번에 먹는 모양, 덥석
- □ かみつく(噛み付く)　물고 늘어지다
- □ 抱える　껴안다, 감싸 안다
- □ キック(kick)　킥, 발로 공을 참
- □ くらわす(食わす)　(주먹을) 먹이다, 날리다
- □ ～さ　~말이야, ~말이지 〈상대의 주의를 끌려는 심정을 나타냄〉
- □ 気持ち　기분
- □ 収まる　진정되다, 안정되다
- □ 怒り　분노
- □ はけ口　배수구, 배출구
- □ ねだる　조르다, 보채다
- □ ～すら　(명사에 붙어) ~조차

집에 돌아와 기분이 안정되자 그 대단한 '비'도 화가 났는지, 내가 신는 울로 만든 실내화에 화풀이를 해댄다. 두 앞발로 단단히 신등을 잡고는 덥석 물고 늘어진다. 그리고 그 다음에는 몸을 옆으로 뉘어 앞발로 실내화를 감싸 안고 뒷발로 몇 번이고 킥을 먹이는 것이다.

"있잖아, 유쾌하지 않다는 건 이해하지만 말이야. 왜 여기다 화풀이하는 거야?"

그렇게 말해도 '비'의 기분은 진정되지 않는 듯 언제까지고 내 실내화를 분노의 배출구로 삼고 있었다. 그날은 밖으로 내보내 달라고 조르지도 않을 뿐 아니라 현관문에조차 다가가지 않았던 것이었다.

この話を飼い主のモリタさんにすると、彼女はげらげらと笑った。

「ほら、ビーちゃん。あんた、弱虫なのがカラスにもばれてるよ。『こいつはいける』って思われちゃったんだねえ。どうすんの、カラスにもバカにされちゃって」

そういわれたビーは、バツが悪そうにこそこそと姿を消してしまった。

それからビーの態度が変わった。玄関のドアの前に座り、鳴きながら「出して」というのは同じなのだが、遠くでカラスの鳴き声がすると、びくっとするのである。

「あら、カラスだわ。この間のがまた来たのかしら」

とためしにいってみたら、ビーは聞こえないふりで、そっぽをむいていた。

이 이야기를 주인인 모리타 씨에게 하자, 그녀는 껄껄 큰소리로 웃었다.

“이봐, 비. 너 겁쟁이라는 거 까마귀한테도 들통나 버렸네. ‘이거 쓸 만한 걸?’ 하고 여겨져 버린 거야. 어쩔래? 까마귀한테도 무시당하고.”

그런 말을 들은 ‘비’는 겸연쩍은 듯 슬그머니 모습을 감추어 버렸다.

그리고 나서 ‘비’의 태도가 바뀌었다. 현관문 앞에 앉아 울면서 ‘내 보내줘’ 하는 것은 마찬가진데, 멀리서 까마귀 울음소리가 나면 흠칫하는 것이다.

“어머, 까마귀네. 요전의 걔들이 또 온 걸까?”

하고 시험 삼아 말해 보았더니 ‘비’는 안 들리는 척 외면했다.

- □げらげら 큰소리로 웃는 모양, 껄껄
- □弱虫 겁쟁이, 못난이
- □ばれる 들통나다, 발각되다
- □～ちゃう ~(해) 버리다 〈～てしまう의 축약형〉
- □どうすんの 어쩔래?, 어떻게 할래? 〈회화에서 どうするの의 발음이 변한 것〉
- □バカにする 무시하다, 업신여기다, 깔보다
- □バツが悪い 겸연쩍다
- □こそこそ(と) 살금살금, 소곤소곤
- □姿を消す 모습을 감추다
- □遠く 먼곳 ↔ 近く 가까운 곳
- □鳴き声がする (짐승의) 울음소리가 나다(들리다)
- □びくっとする 흠칫 놀라다, 깜짝 놀라다
- □ためし(試し)に 시험 삼아
- □そっぽをむく(向く) 외면하다, 무시하는 태도를 보이다, 모른 척하다

「出たいんでしょ。開けてあげようね」

ドアを開けてやっても、きょろきょろと周囲を見渡しているだけ。

「どうしたの？ 出れば」

と尻を押しても、私の顔を見上げて、

「にゃあ」

と鳴いて座り込む。まるで亀さんみたいになっているのである。

遠くからはカラスの鳴き声が、相変わらず聞こえてくる。

「わかった。あんた、あのときから、カラスが怖くなっちゃったんだね」

そういうと、ビーが肩を落としたようにみえた。

- □きょろきょろ(と) 두리번두리번
- □周囲 주위
- □～だけ ~뿐, ~만
- □押す 밀다, 누르다
- □座り込む 눌러앉다
- □亀 거북이
- □肩を落とす 어깨를 떨어뜨리다

"나가고 싶지? 열어 줄게."
문을 열어 주어도 두리번두리번하며 주위를 살펴보고 있을 뿐이다.
"왜 그래? 나가는 게 어때?"
하고 엉덩이를 밀어도 내 얼굴을 올려다보며,
"야옹."
하고 울며 눌러앉아 버린다. 마치 거북이처럼 되어 있는 것이다.
멀리서는 까마귀의 울음소리가 변함없이 들려온다.
"알았다. 너 그때부터 까마귀가 무서워진 거로구나."
그렇게 말하자 '비'가 어깨를 떨어뜨린 것처럼 보였다.

「わかった、一人じゃ外に出たくないのね。じゃあ、おばさんが一緒(いっしょ)に歩いてあげよう」

そういって私も外廊下に出ると、ビーは尻尾(しっぽ)を立(た)ててあとをついてきた。そして歩きながら、私にむかって、

「あん、あん」

と何事(なにごと)かいう。私はわからないながらも、

「そうか、そうねえ。そうだねえ」

と適当(てきとう)に相槌(あいづち)を打(う)ちながら歩いていくと、ビーは尻尾をぴんと立てて歩いている。ところが私が立(た)ち止(ど)まると、ぴたっと歩くのをやめて、私の顔をじっと見上げているのだ。

「大丈夫だよ。ここで見てる。カラスがきたら追(お)い払(はら)ってあげるから。いって歩いておいで」

□ あとをつく 뒤를 따르다
□ 何事 무슨 일
□ 適当に 적당히, 적당하게
□ 相槌を打つ 맞장구를 치다
□ 立ち止まる 멈추어 서다
□ ぴたっと 갑자기 정지하는 모양, 뚝, 딱
□ 追い払う 쫓아 버리다

"알았어. 혼자서는 밖에 나가고 싶지 않은 거지? 그럼 아줌마가 같이 걸어 가 줄게."

그렇게 말하며 나도 바깥 복도에 나가자 '비'는 꼬리를 세우고 뒤를 따라왔다. 그리고 걸으면서 나를 향해

"앙앙."

하며 무언가를 말한다. 나는 알아듣지 못하면서도,

"그래? 그렇지. 그렇고말고."

하고 적당히 맞장구를 치면서 걸어가면 '비'는 꼬리를 꼿꼿이 세우고 걷고 있다. 그런데 내가 멈춰 서면 갑자기 딱 하고 서서 내 얼굴을 물끄러미 올려다 보는 것이다.

"괜찮아. 여기서 보고 있을게. 까마귀가 오면 쫓아 줄게. 가서 걷다 와."

そういっても、ビーは動かない。そしてそのまま、そこに座ってしまうのだ。

「ほら、肉球が冷えるんでしょう。座ったらお尻まで冷えちゃうよ」

それでもビーは自分一人で歩こうとはしなかった。

「じゃあ、端っこまでいこうか」

また歩きだすとくっついてくる。そこで私は面白がって、ものすごい勢いで走って逆戻りした。私が走ったのを見て、ビーもびっくりして後を追いかけてきた。必死の形相であった。

「びっくりした？」

笑いながら、うちのドアのところまで戻ると、ビーは、

「にゃあー」

と大きな声で鳴いて、ちょっと怒っているようだった。

「ごめん、ごめん」

그렇게 말해도 '비'는 움직이지 않는다. 그리고 그대로 거기에 앉아 버리는 것이다.

"이봐, 발바닥이 차가워지잖아. 앉으면 엉덩이까지 차가워져."

그래도 '비'는 자기 혼자서 걸으려고는 하지 않았다.

"그럼, 저 끝까지 갈까?"

다시 걷기 시작하면 달라붙어 따라온다. 그래서 나는 재미있어하며 굉장한 기세로 달려갔다가 제자리로 돌아왔다. 내가 달리는 것을 보고 '비'도 깜짝 놀라 뒤를 쫓아왔다. 필사적인 모습이었다.

"깜짝 놀랐어?"

웃으면서 집 문 있는 데까지 돌아오자 '비'는

"야옹~."

하고 큰소리로 울면서 좀 화가 난 것 같았다.

"미안, 미안."

□ 歩きだす　걷기 시작하다 〈동사 ます형+だす ~(하)기 시작하다〉

□ 逆戻り　다시 되돌아 옴

□ 追いかける　뒤쫓아가다

□ 形相　형상, 얼굴 모습, 표정 〈무섭거나 불안하여 두려운 경우에 사용함〉

私は今度はビーを抱っこして、外廊下をゆっくりと歩いた。抱っこされるといちばん落ち着くようで、ものすごい音でごろごろいっている。

「カラスはどうして、ああいうことをするんだろうねえ。でもビーちゃんも猫なんだから、からかわれたら固まってないで、ちゃんとかまさなくちゃだめだよ」

そういってもわかっているのかいないのか、私の肩に顎をのせて、ごろごろというだけである。時折、ビーは隣家を見下ろし、蒲団を干している奥さんの姿を興味深げに眺めたり、空を仰いだりしている。そんなときも、カラスの「かあ」という声が聞こえると、びくっと反応し、耳がアンテナ状態になり、私の体に必死にしがみつくのであった。

나는 이번에는 '비'를 안고 바깥 복도를 천천히 걸었다. 안아 주면 마음이 제일 편해지는 듯 굉장한 소리로 갸릉갸릉하며 소리를 낸다.

"까마귀는 왜 그런 짓을 하는 걸까. 하지만 비도 고양이니까 놀리면 얼어 있지 말고 확실하게 한 방 먹여야지."

그렇게 말해도 알아들은 건지 아닌지 내 어깨에 턱을 올리고 갸릉갸릉거릴 뿐이다. 이따금 '비'는 옆집을 내려다보며 이불을 말리고 있는 부인의 모습을 흥미 깊게 바라보기도 하고, 하늘을 올려다보기도 한다. 그런 때도 까마귀의 '까악'하는 소리가 들리면 흠칫 하고 반응하며 귀가 안테나 상태가 되어 내 몸에 필사적으로 달라붙는 것이었다.

- かます 한 대 먹이다, 기세를 꺾다
- 顎 턱
- のせる 위에 얹다, 놓다, 태우다
- 時折 가끔, 때때로
- 隣家 이웃집, 옆집
- 蒲団を干す 이불을 말리다
- 興味深い 흥미진진하다
- 仰ぐ 올려다 보다 ↔ うつむく 고개를 숙이다
- アンテナ(antenna) 안테나

部屋の中でのんびりくつろいでいても、「かあ」が聞こえると、ビーの体は反応する。それまでは、ベランダにカラスの姿が見えると、興味津々でカーテンの陰から狙っていたのに、そういうこともしなくなった。カラスがビーの習慣を変えてしまったのである。

ビーにしてみたら不幸なことだったのかもしれないが、ビーの脱走の心配がなくなった私にとっては、ラッキーな出来事だった。ところがまた別の問題が起きた。寒くなってくるうちに、ビーが外廊下には出たがるが、歩かなくなってしまったのである。もちろんまだカラスにはびびっている。ドアを開けて外に走り出さないのも同じである。

집 안에서 한가로이 느긋하게 쉬고 있다가도 '까악'하는 소리가 들리면 '비'의 몸은 반응한다. 그때까지는 베란다에 까마귀의 모습이 보이면 흥미진진하게 커튼 뒤에서 노리고 있었는데 그런 짓도 하지 않게 되었다. 까마귀가 '비'의 습관을 바꾸어 버린 것이다.

'비'에게는 불행한 일이었을지 모르지만 '비'의 탈출 걱정이 없어진 나에게는 행운의 사건이었다. 그런데 또 다른 문제가 생겼다. 날씨가 추워질 때에는 '비'가 바깥 복도에는 나가고 싶어 하는데 걷지 않게 되어 버린 것이다. 물론 아직 까마귀에게는 주눅들어 있다. 문을 열고 밖으로 달려 나가지 않는 것도 여전하다.

- のんびり 한가로이, 유유히, 태평스럽게
- くつろぐ(寛ぐ) 느긋하게 쉬다, 심신을 편안하게 하다
- 不幸だ 불행하다
- ラッキー(lucky) 좋은 일, 행운
- 出来事 일어난 일, 사건
- 別 별도, 다름
- びびる 기가 죽어 위축되다, 주눅들다
- 走り出す 달려 나가다

「あーん、あーん」

と私の顔を見上げて、いつまでも鳴いている。放(ほう)っておくとだんだん鼻にかかった甘え声になっていく。

「どうしたの」

と体をかがめると、待ってましたとばかりに[28]、私の体に飛(と)びついてきて、抱(だ)っこ状態に入(はい)ってしまう。つまり外廊下を歩くと肉球(にくきゅう)が冷える。暖かいまま外廊下を歩きたい。カラスの被害(ひがい)にも遭(あ)いたくない。それには私に抱(だ)っこされて歩いてもらい、きょろきょろするのがいちばんいいとビーは考えたのだろう。

「あんたね、年寄(としよ)りが脚(あし)を使(つか)わないと、本当(ほんとう)にぼけるよ」

- □ 放っておく 내버려 두다, 방치하다
- □ かがめる(屈める) 구부리다, 굽히다
- □ 被害 피해
- □ 遭う (어떤 일을) 만나다, 겪다
- □ 年寄り 노인, 늙은이
- □ ぼける(呆ける) (지각이) 둔해지다, 멍청해지다

"아~앙, 아~앙."

하고 내 얼굴을 올려다보며 언제까지고 울고만 있다. 내버려 두면 점점 콧소리 섞인 응석받이 목소리로 변해 간다.

"왜 그러는데?"

하고 몸을 구부리면 기다리고 있었다는 듯이 내 몸에 달려들어서는 포옹 상태에 들어가 버린다. 즉 바깥 복도를 걸으면 발바닥이 차가워진다. 따뜻한 채 바깥 복도를 걷고 싶다. 까마귀 피해도 겪고 싶지 않다. 그러기 위해서는 나에게 안긴 채 다니며 두리번두리번 구경하는 것이 가장 좋다고 '비'는 생각한 것일 것이다.

"너말야, 노인네가 다리를 쓰지 않으면 정말 둔해져."

---

28 ~とばかりに 마치 ~라는 듯이

실제로는 그렇지 않지만 지금이라도 일이 일어날 듯한 모습을 나타낸다.

雨が止(や)むと花は今とばかりに一斉(いっせい)に咲(さ)きだした。
비가 그친 뒤 꽃들은 지금 이때라는 듯이 일제히 피기 시작했다.

そういいながら、私は日に二回、ビーを抱っこして外廊下を歩いている。我(われ)ながら、

「どうして、こんなことになっちゃったのかなあ」

と考えたりする。他人が見たら、ものすごく間抜(まぬ)けに見えると思う。ビーは私に抱っこされて、喉(のど)を鳴らしながら、目をぱっちりと見開(みひら)いて、周囲(しゅうい)を見渡(みわた)している。寒くないしカラスの心配もない。私はビーの肉球カバーみたいなものである。たまに、どうしてここまでしなくちゃならないのかと腹が立ってきて、

「また、あのときのカラスを、呼(よ)んできちゃおうかなあ」

とビーの耳元(みみもと)でささやき、びびらせて鬱憤(うっぷん)をはらしているのである。

- □ 我ながら　내가 생각해도, 나 스스로도
- □ 間抜け　얼간이 짓, 멍청이
- □ ぱっちり(と)　눈이 크고 맑은 모양, 눈을 크게 뜬 모양
- □ 見開く　눈을 크게 뜨다
- □ 周囲　주위
- □ カバー(cover)　커버
- □ たまに　가끔, 어쩌다, 이따금
- □ 耳元でささやく　귓전에서 속삭이다
- □ 鬱憤をはらす(張らす)　울분을 풀다

그렇게 말하며 나는 하루에 두 번 비를 안고 바깥 복도를 걷고 있다. 내가 생각해도

'어째서 일이 이렇게 된 거지?'

하고 생각하곤 한다. 다른 사람이 보면 정말 얼간이처럼 보이겠지. '비'는 나에게 안겨 소리를 내며 눈을 똘망똘망하게 크게 뜨고 주위를 둘러보고 있다. 춥지도 않고 까마귀 걱정도 없다. 나는 '비'의 발바닥 커버 같은 것이다. 이따금 어째서 이렇게까지 하지 않으면 안 되는 건가 하고 화가 나서,

"또 지난번 까마귀를 불러 올까 보다."

하고 '비'의 귓전에 속삭여 주눅들게 만들고는 울분을 풀고 있는 것이다.

ヒモにまさる物(もの)はなし

ビーはおもちゃの中(なか)ではヒモ系(けい)が好(す)きだ。猫(ねこ)じゃらしでもヒモの先(さき)に何かがついている物が好きなのだ。球(たま)が好き、ヒモが好き、両方(りょうほう)が好きという猫がいるが、ビーはとにかくヒモ一途(いちず)なのである。

- ヒモ 끈
- まさる 낫다, 뛰어나다, 우수하다
- 物 물건, 물품, 것
- なし 없음, 없는 상태
- おもちゃ 장난감
- 系 계, 계통
- 猫じゃらし 강아지풀 〈여기서는 '강아지풀 모양의 장난감'을 말하는데, 우리나라에서는 꼬치 장난감이라 함〉
- 先 끝, 앞, 전방
- 球 공
- 一途 외곬, 오로지 한 가지 일에만 정신을 쏟음

끈보다 좋은 건 없어

'비'는 장난감 중에서는 끈 계통을 좋아한다. 강아지풀 장난감 중에서도 끈 앞쪽에 무언가가 달려 있는 것을 좋아하는 것이다. 공을 좋아하는 고양이가 있는가 하면 끈을 좋아하는 고양이가 있고, 또 둘 다 좋아하는 고양이가 있는데, '비'는 어쨌든 오로지 끈이다.

いちばん最初(さいしょ)にビーを預(あず)かったとき、ビーのヒモ好(ず)きを聞いていたので、デパートのペット用品(ようひん)売(う)り場(ば)に行って、棒(ぼう)についたヒモの先におもちゃがついているものを買ってきた。ひとつだけ買って気(き)に入(い)らないと困(こま)るので、ふたつ買った。ひとつはヒモの先にふわふわした小さな毛玉(けだま)が五(いつ)つつながっている物。もうひとつは上下(じょうげ)、左右(さゆう)が六(ろく)センチほどの、ボクシンググローブがついた物(もの)である。グローブの中にはまたたびが入(はい)っているという。追(お)いかけるだけではなく[29]、後ろ足で立(た)ち上(あ)がって、前足でこのグローブをネコパンチする姿を想像(そうぞう)するとおかしく、こちらも楽(たの)しめそうだった。

□ ペット用品売り場　애완동물용품 매장
□ 棒　막대기, 몽둥이
□ 気に入る　마음에 들다
□ ふわふわ　푹신푹신, 팔랑팔랑
□ 毛玉　(털옷 등의) 보풀이 뭉쳐 덩어리진 것
□ 上下　상하
□ 左右　좌우
□ センチ　센티미터 〈センチメートル의 줄임말〉
□ ボクシンググローブ　복싱 글러브
□ またたび　개다래나무 〈고양이과 동물들에게 진정 작용을 함〉
□ パンチ(punch)　펀치
□ 想像　상상
□ おかしい　재미있다, 우습다, 이상하다
□ 楽しめる　즐길 수 있다

맨 처음 '비'를 맡았을 때 '비'가 끈을 좋아한다는 이야기를 들었기에 백화점 애완동물용품 매장에 가서 막대기에 달린 끈 끝에 장난감이 달려 있는 것을 사 왔다. 한 개만 샀다가 마음에 안 들면 곤란할 것 같아 두 개를 샀다. 하나는 끈 끝에 푹신푹신한 자그마한 털 뭉치가 다섯 개 연결되어 있는 것. 다른 하나는 상하, 좌우가 6센티미터 정도인 복싱 글러브가 달린 것이다. 글러브 속에는 개다래나무가 들어 있다고 한다. 뒤쫓아다닐 뿐 아니라 뒷발로 서서 앞발로 이 글러브를 고양이가 펀치하는 모습을 상상하니 재미있어 이쪽도 즐길 수 있을 것 같았다.

---

29 ～だけで(は)なく ～뿐만이 아니라

[동사 · い형용사의 보통형, な형용사な, 명사+だけではなく]

'한 쪽만이 아니라 양쪽 모두, 어느 쪽도 모두'라는 뜻을 나타낸다.

環境(かんきょう)ホルモンは人間(にんげん)にだけではなく植物(しょくぶつ)にも悪い影響(えいきょう)をあたえている。

환경 호르몬은 사람에만이 아니라 식물에게도 나쁜 영향을 준다.

「またたびも入っているから、ビーちゃんも遊(あそ)びながらうっとり」

私はすぐ家に帰り、ビーの前で、

「ほれほれ」

とボクシンググローブを左右に動(うご)かした。ところが他(ほか)の猫じゃらしだったらば、目の色がかわって獲物(えもの)を狙(ねら)う目(め)になるのに、ビーの反応(はんのう)がおかしい。ぼーっと座ったまま、目の前でグローブが揺(ゆ)れると、とても迷惑(めいわく)そうなのである。

「どうしたの、ほれ、ほれ」

とビーの顔めがけて動かしてみたら、ずりずりと後(あと)ずさりをして、そのうちに逃(に)げてしまったのである。

- □ うっとり 넋을 잃고, 황홀하게
- □ 獲物 사냥감
- □ ぼっと 멍하니, 멍청히
- □ 揺れる 움직이다, 요동하다
- □ 迷惑だ 귀찮다, 성가시다
- □ めがける(目掛ける) 겨냥하다, 노리다
- □ ずりずりと 슬금슬금
- □ 後ずさり 뒷걸음질(침)
- □ そのうちに 그 사이에, 그러는 동안

"개다래나무도 들어 있으니까 '비'도 놀면서 넋을 잃겠지."

나는 곧장 집으로 돌아와 '비' 앞에서

"이봐, 이봐!"

하고 복싱 글러브를 좌우로 움직였다. 그런데 다른 강아지풀 장난감이었다면 눈빛이 달라져 사냥감을 노리는 눈이 되었을 터인데, '비'의 반응이 이상하다. 멍~하니 앉은 채 눈 앞에서 글러브가 움직이자 몹시 귀찮은 것 같았다.

"왜 그래? 얍얍!"

하고 '비'의 얼굴을 겨냥하여 움직여 봤더니 슬금슬금 뒷걸음치다가 그사이에 도망쳐 버렸던 것이다.

「あらー、どうして逃げるの」

グローブを揺(ゆ)らしながら追(お)いかけると、振(ふ)り返(かえ)りながら逃げていく。どうやらヒモの先に付(つ)いている物が大きいと怖(こわ)いらしいのである。次(つぎ)に毛玉のほうを動(うご)かしてみると、これは気(き)に入(い)ったらしく、面白(おもしろ)いようにとびついてくる。いくらまたたびが中に入っているとはいえ、ビーは大きい猫じゃらしよりも、小さな物を好(この)むことがわかったのである。

猫じゃらしが好きだといっても、売っているおもちゃもたくさん種類(しゅるい)があるわけではない。ビーもすべてを喜ぶわけではなく、値段が高いか安いかというよりも、

- □揺らす　흔들다, 흔들리게 하다
- □振り返る　뒤돌아보다, 회고하다
- □どうやら　어쩐지, 아무래도
- □とびつく(飛びつく)　달려들다, 마음이 끌려 서둘러 손에 넣으려고 하다
- □いくら~とはいえ　아무리 ~라고는 해도(하더라도)
- □好む　좋아하다, 흥미를 가지다
- □種類　종류
- □すべて　모든, 일체의
- □喜ぶ　기뻐하다, 즐거워하다
- □値段　가격, 값
- □~か~か　~(인)지 ~(인)지, ~가 ~가

"어머, 왜 도망가는 거야?"

글러브를 흔들면서 쫓아가니 뒤돌아보면서 도망간다. 아무래도 끈 앞쪽에 달려 있는 것이 크면 무서운 모양이다. 다음으로 털 뭉치 쪽을 움직여 보니 이건 마음에 드는 모양으로 재미있는 듯 달려든다. 아무리 개다래나무가 안에 들어 있다고는 해도 '비'는 큰 강아지풀 장난감보다도 작은 것을 좋아한다는 것을 알게 된 것이다.

강아지풀 장난감을 좋아한다고 해도 팔고 있는 장난감도 종류가 많은 것은 아니다. '비'도 모든 것을 달가워하는 것이 아니라 가격이 비싼가 싼가 하는 것보다도,

最低限の自分の好みをクリアしていれば、何でも喜ぶのである。たとえば荷物が着いて、かけてあるヒモをほどきはじめると、ビーは目を輝かせてヒモを見ている。そしてその一本を目の前に置いてやると、うれしそうにくわえてふりまわし、そのあと私の前に置いて、お座りをし、

「遊んで下さい。お願いします」

の態勢に入る。あまりヒモが長いと私も腕が疲れるので、一メートル前後の適当な長さに切り、端っこを片結びにすると、立派なビー用のおもちゃが出来上がる。これを作ったら最後[30]、最低十分、ビーはこの遊びから解放してくれない。

- □最低限 최저한
- □好み 취향, 기호
- □クリアする (문제 등을) 해결하다, 만족시키다
- □荷物が着く 짐이 도착하다
- □かける 묶다, 두르다, 감다
- □ほどく(解く) 풀다, 뜯다
- □輝く 빛나다, 반짝이다
- □くわえる 입에 물다
- □ふりまわす(振り回す) 휘두르다
- □態勢 태세, 자세, 태도
- □メートル(meter) 미터
- □片結び 끈을 매는 방법의 하나로, 한쪽에 고리를 만들고 그 고리에 다른 쪽을 고리로 만들어 넣으면서 처음의 고리를 잡아 당겨 묶는 방법
- □出来上がる 완성되다, 다 되다
- □解放 해방

최소한의 자신의 취향을 만족시켜 준다면 뭐든지 기뻐하는 것이다. 예를 들면 짐이 도착해서 묶여 있는 끈을 풀기 시작하면 '비'는 눈을 반짝거리며 끈을 보고 있다. 그리고 그 하나를 눈 앞에 놓아 주면 기쁜 듯 물고 휘두르다가 그 다음엔 내 앞에 놓고 앉아

'놀아 주세요. 부탁이에요.'

하는 자세에 들어간다. 끈이 너무 길면 나도 팔이 지쳐서, 1미터 전후의 적당한 길이로 자르고 끝을 매듭으로 묶으면 훌륭한 '비'용의 장난감이 완성된다. 이것을 만들기만 하면 최소 10분간 '비'는 이 놀이에서 해방시켜 주지 않는다.

---

30 ～たら最後 일단 ~했다 하면 [동사 た형+ら最後]

'일단 무엇을 하면 그것을 끝으로'라는 뜻으로, 뒤에는 부정적인 내용이 이어진다.

私は夕方(ゆうがた)に眠(ねむ)ったら最後、起(お)きられなくなってしまう。
나는 일단 저녁에 잠들었다 하면 일어날 수 없게 되어 버린다.

「まだ、やるのか」

というくらい、しつこくしつこく遊ぶ。ドアの後ろに体を隠して飛びついてきたり、椅子の下に身を隠したり、それに得意の「ため」が加わるものだから、やたらと時間がかかるのである。ヒモでもあまりに軽い材質の物はふわふわしていて、具合がよくない。思い通りに動かないので私のほうが疲れてしまう。いちばんいいのは麻ヒモなのだが、届く荷物で麻ヒモが使われている物はまずないので、ヒモの撚りがきつい物を使って遊んでやっていた。

□椅子 의자
□得意 주특기, 장기, 숙달되어 자신이 있음
□ため (분뇨를) 모아 두는 곳
□加わる 더해지다, 부과하다, 첨가되다
□やたらと 마구, 몹시
□時間がかかる 시간이 걸리다
□材質 재질, 재료의 성질
□具合がよくない 상태가 좋지 않다
□思い通りに 생각대로, 생각한 대로
□麻 삼
□届く 도착하다, 닿다, 미치다
□撚り 꼬임, 비틂
□きつい 단단하다

"아직도 하는 거야?"

하고 말할 정도로 아주 끈질기게 논다. 문 뒤에 몸을 숨겼다가 달려들어오기도 하고 의자 아래에 몸을 숨기기도 하고, 거기에 주특기인 '용변 보기'가 더해져 몹시 시간이 걸리는 것이다. 끈도 너무 가벼운 재질로 된 것은 팔랑거려서 좋지 않다. 생각대로 움직이지 않아 내 쪽이 지쳐 버린다. 가장 좋은 것은 마로 된 끈인데, 도착하는 짐 중에 마끈이 쓰인 것은 우선 없어서, 끈의 꼬임이 단단한 것을 가지고 놀아 주고 있었다.

ところが次々(つぎつぎ)に遊ぶヒモを作ってやったというのに、いざ遊ぼうと思って探(さが)すとない。ベランダにもない。どうしたのかとビーを見ていると、ヒモで遊ぶと、それをくわえて自分の家に持って帰ることが判明(はんめい)したのである。隣(となり)のおばさんの家だけでなく、自宅(じたく)でも遊んでもらいたいらしいのである。ビーの飼(か)い主(ぬし)のモリタさんに聞(き)いたら、

「そうなの。うちに何本(なんぼん)もたまっちゃって。私、このところ腕が痛(いた)くてしようがない[31]のよ。ヒモを動(うご)かし続(つづ)けていると、ますます痛くなってくるし。遊んでやれないのに、たまっていくばかり[32]なの」

という。

□次々に 잇달아, 연달아, 계속하여
□いざ 막상, 정작
□判明 판명
□自宅 자택, 자기 집
□このところ 요즘, 요새, 최근
□動かし続ける 계속 움직이다, 계속 흔들다
□たまる(溜まる) 쌓이다, 모이다

그런데 계속해서 놀 끈을 만들어 주었는데도 막상 놀려고 찾으면 없다. 베란다에도 없다. 어찌된 일인까 하고 '비'를 보고 있자니, 끈을 갖고 놀면 그것을 물어서 자기 집으로 가져가는 것으로 판명된 것이다. 옆집 아줌마네 집에서뿐만 아니라 자기네 집에서도 가지고 놀고 싶은 모양이다. '비'의 주인인 모리타 씨에게 물어보니,

"그래. 우리 집에 몇 개나 쌓여서. 나, 요즘 팔이 너무 아파 죽겠어. 끈을 계속 움직이고 있노라면 점점 더 아파지고. 놀아줄 수도 없는데 쌓여만 가."

하고 말한다.

---

31 ~てしようがない ~(해)서 견딜 수 없다 [동사 て형+しようがない]

행동이나 감정이 '매우 ~하다'라는 뜻을 나타낸다.

デジカメがほしくてしようがない。 디지털 카메라가 갖고 싶어 견딜 수 없다.

32 ~ばかりだ ~(하)기만 한다 [동사 기본형+ばかりだ]

나쁜 방향으로의 일방적인 변화를 나타낸다.

毎年(まいとし)アフリカではマラリアで死(し)ぬ人が増(ふ)えるばかりだ。
매년 아프리카에서는 말라리아로 죽는 사람이 늘기만 한다.

「おまけにビーは、ためが長いから面倒くさくなっちゃう」

ヒモを作ってやるとビーはそれを持って帰る。私はヒモがなくなると、家の中を見渡し、荷造り用や、編み物のときに使う編みだし糸を使って、遊び用のヒモを作る。そしてそれをビーは持って帰る。その繰り返しであった。かわいいビーであるが、私だっていつも遊びたいわけではない。面倒だなと思うことがある。ある夜、ビーが遊んでもらいたそうにすり寄ってきた。私は、

「あーあ、残念だなあ。ビーちゃん、ヒモをみんな自分の家に持っていったでしょう。だからおばちゃんの家にはなくなっちゃった。みーんなビーが持って帰っちゃったからね。残念だなあ。ヒモがあったら遊んであげるのにねえ」

“게다가 비는 소변이 길어서 귀찮아 죽겠어.”

끈을 만들어 주면 ‘비’는 그것을 갖고 돌아간다. 나는 끈이 없어지면 집 안을 둘러보고 짐 꾸리기용이나 뜨개질할 때 사용하는 뜨개실을 이용하여 놀이용 끈을 만든다. 그리고 ‘비’는 그것을 갖고 돌아간다. 그런 식으로 반복되었다. 귀여운 ‘비’이지만 나라고 항상 놀고 싶은 것은 아니다. ‘아 귀찮아’ 하고 생각하기도 한다. 어느 날 저녁, ‘비’가 놀아 주었으면 하는 듯 가까이 다가왔다. 나는,

“아~, 어쩌지. ‘비’, 끈을 전부 너네 집으로 갖고 갔지? 그래서 아줌마네 집에는 하나도 없는데. ‘비’가 전~부 가져가 버려서 말이야. 안됐네. 끈이 있으면 놀아줄 텐데.”

- おまけに 게다가, 그 위에, 뿐만 아니라
- 面倒くさい 몹시 귀찮다, 성가시다, 번거롭기 짝이 없다
- なくなる 없어지다, 다 떨어지다
- 荷造り 짐 꾸리기
- 編み物 뜨개질, 편물, 뜨는 것
- 編みだし糸 뜨개실
- 繰り返し 반복
- 残念 유감

といった。本当にうちにはヒモがなくなっていたのだ。そういわれたビーは姿を消(け)した。そろそろ帰る時間でもあったし、あきらめて家に戻(もど)ったのだと思っていた。すると十五分くらいして、ビーは戻ってきた。それも口にヒモをくわえてである。

「あら、持ってきたの」

ビーは私の目の前にヒモを置(お)き、きちんとお座りをした、お願いします状態になっていた。ああいった手前(てまえ)、遊んでやらないわけにはいかなく[33]なり、私は、

「まー、偉(えら)いわねえ。ちゃんとヒモを持ってきたのね」

と口では誉(ほ)め、内心(ないしん)、

(やれやれ)

とため息(いき)をつきながら、仕方(しかた)なく遊んでやった。ビーは目を輝(かがや)かせ、ヒモを追(お)いかけていた。

□ そろそろ 슬슬, 이제 곧
□ あきらめる(諦める) 포기하다, 단념하다, 체념하다
□ 手前 솜씨, 재주
□ ま 어머, 어머나 =まあ
□ 内心 내심, 마음속
□ やれやれ 아이구, 맙소사, 거참

하고 말했다. 정말로 우리 집에는 끈이 없는 것이었다. 그 말을 들은 '비'는 모습을 감추었다. 슬슬 돌아갈 시간이기도 했고 포기하고 집으로 돌아갔겠지 하고 생각하고 있었다. 그러자 15분 정도 지나 '비'는 돌아왔다. 그것도 입에 끈을 물고서 말이다.

"어머, 가져온 거야?"

'비'는 내 눈 앞에 끈을 놓고 똑바로 앉아 '부탁해요' 하는 상태가 되어 있었다. 그런 재주에 안 놀아 줄 수도 없어서 나는

"와~, 훌륭해. 끈을 제대로 가져 왔네."

하고 입으로는 칭찬하면서도 속으로는,

'아이고, 맙소사.'

하고 한숨을 쉬면서 하는 수 없이 놀아 주었다. '비'는 눈을 빛내며 끈을 쫓아다니고 있었다.

---

33 ~わけにはいかない ~(할) 수는 없다 [동사 기본형+わけにはいかない]

단순히 불가능하다는 의미가 아니라 상식 · 사회적인 통념 · 경험 등으로 보아 '불가능하다, ~할 수 없다'라는 뜻을 나타낸다.

ちょっと熱(ねつ)があるが、今日は大事な会議(かいぎ)があるので休(やす)むわけにはいかない。 약간 열이 있지만 오늘은 중요한 회의가 있어 쉴 수는 없다.

「十三歳(さい)にもなって、ヒモで遊んでるなんて、子供みたいね」

という人もいる。年齢(ねんれい)からするとおじいちゃんであるが、ヒモ遊びをするときのビーは、年齢を感(かん)じさせないくらい、若々(わかわか)しい。ヒモがちょろっと動いたとたんに[34]、体を低(ひく)くして、目は鋭(するど)くヒモの動(うご)きを追(お)っている。そして飛(と)びつくのだが、ただ一直線(いっちょくせん)に飛びつくのではなく、そのときにさまざまなビー自慢(じまん)の動きが加(くわ)わるのである。あるときはスライディングが入ったり、飛びついたあと、くるくるっと宙(ちゅう)を舞(ま)うこともある。

- □若々しい　젊디젊다, 아주 젊어 보이다
- □ちょろっと　아주 조금 움직이는 모양, 팔랑
- □低くする　낮추다
- □鋭い　예리하다, 날카롭다
- □動き　움직임
- □一直線　일직선
- □さまざまだ　다양하다
- □自慢　자랑 〈のど自慢 노래자랑〉
- □スライディング(sliding)　슬라이딩
- □くるくる　빙글빙글, 뱅글뱅글
- □宙を舞う　(공중에서) 빙빙 돌다, 날다

"열세 살이나 되어서도 끈을 갖고 놀다니 애 같네."

하고 말하는 사람도 있다. 나이로 치자면 할아버지인데, 끈 놀이를 할 때의 '비'는 나이를 실감치 못하게 할 만큼 젊디젊다. 끈이 팔랑하고 움직이는 순간, 몸을 낮추고 눈은 예리하게 끈의 움직임을 쫓고 있다. 그리고 달려드는 것인데 단순히 일직선으로 달려드는 것이 아니라 그때 다양한 '비'의 자랑거리인 동작이 더해지는 것이다. 어떤 때는 슬라이딩이 들어가기도 하고, 달려든 다음 빙글빙글 공중제비를 돌 때도 있다.

---

34 ～たとたん ～(하)자마자, ～(한) 순간 [동사 た형+とたん]

연속적으로 발생한 일을 나타내는데, 뒤에 일어난 일이 예상 외의 경우임에 쓴다.

子供は母の顔を見たとたん泣(な)き出(だ)しました。
아이는 엄마의 얼굴을 보자마자 울기 시작했습니다.

昔、「いなかっぺ大将*」というマンガに、ニャンコ先生という名前の猫が出てきて、その猫の得意技は「キャット空中三回転」であった。ビーはニャンコ先生さながらに、とても十三歳とは見えない敏捷さで、空中回転をしてみせるのだ。

「わあ、すごーい。ビーちゃん、かっこいいねえ」

誉めてやると、口にヒモをくわえたまま、鼻の穴をめいっぱい広げ、喉をごろごろと鳴らしている。もう大得意である。そしてくわえていたヒモを床に落とし、

「さあ、もう一度」

といいたげに、ヒモを持っている私を、じっと見上げているのだった。

- □いなかっぺ(田舎っぺ) 시골뜨기
- □大将 대장, 우두머리
- □得意技 주특기, 특유의 재주
- □キャット 고양이(cat)
- □空中三回転 공중 3회전
- □さながら 마치, 흡사, 그대로
- □敏捷さ 민첩함
- □すごい 대단하다, 멋지다
- □かっこいい 굉장하다, 근사하다, 무섭다
- □めいっぱい(目一杯) 힘껏, 최대한
- □広げる 넓히다, 확장하다, 확대하다
- □大得意 바라던 대로 되어 매우 흐뭇함

옛날에 〈시골뜨기 대장〉이라는 만화에 야옹이 선생이라는 이름의 고양이가 나왔는데, 그 고양이의 주특기는 '고양이 공중 3회전'이었다. '비'는 마치 야옹이 선생님처럼 도저히 열세 살로는 보이지 않는 민첩함으로 공중제비를 해 보이는 것이다.

"와, 대단해~. 비, 정말 멋져."

칭찬해 주면 입에 끈을 문 채 콧구멍을 힘껏 벌리고 목소리를 갸릉갸릉 하고 소리 내고 있다. 정말 아주 만족스러운 것이다. 그리고 물고 있던 끈을 바닥에 떨어뜨리고

"자, 또 한 번."

하고 말하고 싶은 듯 끈을 들고 있는 나를 물끄러미 올려다보는 것이었다.

*** いなかっぺ大将**

川崎(かわさき)のぼる 원작으로, 1968년부터 여러 해에 걸쳐 소학관(小学館) 학습잡지에 연재된 소년만화로, 후에 텔레비전 애니메이션으로도 제작되어 이탈리아에서도 방송되었다.

ビーはヒモを追(お)って部屋中(へやじゅう)をかけまわる。床の上だけを動(うご)かしても、つまらないだろうからと、空中にふわっと持(も)ち上(あ)げると、ビーが宙を飛んでとびついてくる。まるでネコ釣(づ)りである。ものすごい勢(いきお)いで部屋を飛(と)び回(まわ)るビーを見ていると、

「本当に十三歳なんだろうか」

と首(くび)をかしげたくなる。しかしそれが持続(じぞく)しないのがさすがに十三歳である。やっているうちに、さすがにだんだん疲(つか)れてくるらしく、動きが鈍(にぶ)くなる。目は相(あい)変(か)わらず鋭(するど)いのだが、体が前に出てこなくなるのだ。

□ 部屋中 온 방
□ かけまわる(駆け回る) (이리저리) 뛰어다니다, 분주하게 돌아다니다
□ つまらない 시시하다, 하찮다, 재미가 없다
□ 持ち上げる 들어 올리다
□ 宙 공중, 허공
□ 釣(つ)り 낚시, 낚시질
□ 飛び回る 분주하게 뛰어다니다, 공중을 여기저기 날아다니다
□ 持続 지속
□ 鈍い 둔하다, 무디다, 굼뜨다

'비'는 끈을 쫓아 온 집 안을 이리저리 돌아다닌다. 바닥 위에서만 움직이면 재미없을 거라 생각해서 공중에 휙 하니 들어 올려 주면 '비'가 공중을 날아 달려든다. 마치 고양이 낚시 같다. 굉장한 기세로 집을 이리저리 뛰어다니는 '비'를 보고 있노라면

'정말 열세 살인 걸까?'

하고 고개를 갸우뚱하고 싶어 진다. 그러나 그게 지속되지 않는 것을 보면 역시 열세 살이다. 하고 있는 동안에 과연 점점 지치는 듯 움직임이 둔해진다. 눈은 변함없이 날카롭지만 몸은 앞으로 나오지 않게 되는 것이다.

「ほれ、ほれ」

と目の前でヒモを動かしても、前足でちょいちょいと触(さわ)って、ヒモを口に持っていくだけ。

「はい、ジャンプ」

といいながら、ヒモを空中に持ち上げても、目玉(めだま)は動くが体は動かない。そして床(ゆか)にぺたりと寝て、

「もう十分遊びました」

というふうに、あくびをしたりするのである。この間は、遊んでいたのに、突然(とつぜん)、私に走(はし)り寄(よ)って抱(だ)きついてきた。驚(おどろ)いて抱(だ)っこしてやると、心臓(しんぞう)がどきどきしている。

「やだよ。ヒモ遊びをしていて、心臓発作(ほっさ)なんかを起(お)こしたら」

- □ ちょいちょい 때때로, 가끔, 이따금
- □ 触る 닿다, 건드리다
- □ ジャンプ(jump) 점프, 뛰기
- □ 目玉 눈동자, 눈알, 안구
- □ ぺたり(と) 털썩, 찰싹
- □ あくびをする 하품을 하다
- □ この間 요전에, 일전에
- □ 走り寄る 뛰어 다가오다
- □ 抱きつく 매달리다, 들러붙다
- □ 心臓 심장
- □ 発作 발작
- □ 起こす 일으키다

"어이, 어이!"

하고 눈 앞에서 끈을 움직여도 앞발로 이따금 건드리며 끈을 입으로 가져갈 뿐이다.

"자, 점프!"

하고 말하며 끈을 공중으로 들어올려도 눈동자는 움직이지만 몸은 움직이지 않는다. 그리고 바닥에 털썩 누워서

'이제 충분히 놀았어요.'

하는 듯 하품을 해대거나 하는 것이다. 요전에는 놀고 있다가 갑자기 나에게 뛰어와 안겨 들었다. 놀라서 안아 주자 심장이 쿵쿵거리고 있다.

"이런, 끈 놀이 하다가 심장 발작이라도 일으키면 어쩌지?"

私が心配になってそういうと、ビーはじっとしがみついていた。いくらヒモ遊びが好きだからといっても限度(げんど)がある。

「少し考えたほうがいいかもしれない」

それからはビーの様子(ようす)を見ながら、ハードなことはさせないようにした[35]。ジャンプ、空中回転の動作(どうさ)を誘発(ゆうはつ)するようなヒモの動きを避(さ)け、床の上をちょろちょろと動かすだけにし、老人猫向(ろうじんねこむ)きのヒモ遊びをしようと心(こころ)がけたのである。

モリタさんは、ヒモ遊びにつきあう私に、

「悪いわねえ。面倒(めんどう)くさいでしょう」

- □ ～からといっても (동사 · い형용사의 보통형, な형용사의 기본형, 명사だ에 붙어) ~(이)라고 해도, ~(한)다고 해도
- □ 限度 한도
- □ ハードだ(hard) 격하다, 심하다, 힘들다
- □ 動作 동작
- □ 誘発 유발
- □ 避ける 피하다, 멀리하다, 삼가다, 조심하다
- □ ちょろちょろ 조르르, 졸랑졸랑
- □ 老人 노인
- □ ～向き ~용, ~에 적합함, ~에 알맞음
- □ 心がける 유념하다, 유의하다, 마음을 쓰다
- □ つきあう(付き合う) 행동을 같이 하다, 응해 주다, 교재하다, 사귀다

내가 걱정이 되어 그렇게 말하자, '비'는 가만히 매달려 있었다. 아무리 끈 놀이를 좋아한다고 해도 한계가 있다.

"좀 생각해 보는 게 좋을지도 몰라."

그 다음부터는 '비'의 모습을 보면서 격한 운동은 시키지 않기로 했다. 점프, 공중회전 동작을 유발하는 듯한 끈 동작을 피하고 바닥 위를 조르르 움직이게만 하도록 하여 노인 고양이용 끈 놀이를 해야겠다고 마음먹었던 것이다.

모리타 씨는 끈 놀이를 같이 하는 나에게

"미안해. 귀찮지?"

---

35 ～ようにする ~(하)도록 하다 [동사 기본형 · 부정형+ようにする]

어떤 행위나 상황이 성립되도록 노력하는 의지를 나타낸다.

子供が一人で外(そと)に出ないようにしてください。
아이가 혼자서 바깥에 나가지 않도록 해 주세요.

といった。たしかに面倒くさいこともあるが、実はビーにはそういう運動(うんどう)が必要(ひつよう)であった。ビーは獣医(じゅうい)さんで血液検査(けつえきけんさ)をしてもらってから、カロリーが調整(ちょうせい)してあり、栄養配分(えいようはいぶん)が考えられている、シニア用(よう)の餌(えさ)を食べるようになっていた。若い頃(ころ)に食べていた餌が噛(か)みにくくなったのか、たまに丸飲(まるの)みして吐(は)いたりしていた。もしかして病気ではと心配したが、体はとても元気で、走(はし)り回(まわ)っている。

「そんなところに歳(とし)が出(で)るのねえ」

私たちがビーを取(と)り囲(かこ)んで、そんな話をしていると、またビーは話題(わだい)の中心(ちゅうしん)になっているのがうれしいらしく、耳をレーダーのように動かして鼻の穴を広(ひろ)げていた。

- □獣医さん 수의사, 동물병원
- □血液検査 혈액 검사
- □カロリー(calorie) 칼로리, 영양의 단위
- □調整 조정
- □栄養配分 영양 배분
- □シニア(senior) 연장자, 고령자, 상급생
- □~頃 ~경, ~때, ~무렵, ~시절
- □噛みにくい 씹기 어렵다 〈にくい는 동사 ます형에 붙어 '~(하)기 어렵다, 좀처럼 ~(할) 수 없다'는 뜻을 만듦〉
- □丸飲み 통째로 삼킴
- □吐く 토하다, 뱉다
- □もしかして 혹시, 만일(에), 어쩌면
- □取り囲む 둘러싸다, 에워싸다
- □レーダー(radar) 레이더

하고 말했다. 확실히 귀찮기도 하지만 실은 '비'에게는 그런 운동이 필요했다. '비'는 동물병원에서 혈액 검사를 받고 나서, 칼로리가 조정되어 있고 영양 배분이 고려되어 있는 연장자용 먹이를 먹게 되었다. 젊을 때 먹던 먹이가 씹기 어려워진 것인지 이따금 통째로 삼켰다가 토하곤 했다. 혹시 병이 난 건 아닐까 하고 걱정했는데, 몸은 아주 건강해서 뛰어 돌아다니고 있다.

"그런 데서 나이가 나오는구나."

우리들이 '비'를 둘러싸고 그런 이야기를 하고 있노라면, '비'는 또 화제의 중심이 되고 있는 것이 기쁜 듯 귀를 레이더처럼 움직이며 콧구멍을 넓혔다.

ところがシニア用に変(か)えてからは、食欲(しょくよく)も出て毎食喜(まいしょくよろこ)んで食べているという。

「シニア用の餌も馬鹿(ばか)にしたものじゃないのね。何でも同じかと思っていたけど、口に合(あ)ってるみたいなのよ。あんなに好(す)き嫌(きら)いが激(はげ)しかったのに」

モリタさんはペットフードのきめ細(こま)かい対応(たいおう)に感心(かんしん)していた。どういうふうに開発(かいはつ)するのかは知らないが、むら食(ぐ)いで好き嫌いが激(はげ)しく、気(き)に入(い)らない餌は絶対(ぜったい)に食べなかったビーが、カリカリとおいしそうな音(おと)をたてて、食べるようになったのだ。

□ 食欲　식욕
□ 毎食　끼니마다, 식사 때마다
□ 口に合う　입에 맞다, 입맛에 맞다
□ ペットフード(pet food)　(통조림 등으로 가공된) 애완동물용 먹이
□ きめ細かい　빈틈없다, 세밀하다
□ 感心　감탄
□ 開発　개발
□ むら食い　변덕스러운 식성

그런데 먹이를 연장자용으로 바꾸고 나서는, 식욕도 생겨 매 끼니를 즐거이 먹고 있다고 한다.

"연장자용 먹이도 깔볼 게 못 되네. 뭐든 똑같지 않을까 했는데, 입에 맞는 모양이야. 그렇게 편식이 심했는데."

모리타 씨는 애완동물 먹이의 세심한 대응에 감탄하고 있었다. 어떤 식으로 개발하는 것인지는 모르지만, 변덕스런 식성으로 가리는 게 많고 마음에 안 드는 먹이는 절대 먹지 않았던 '비'가, 아삭아삭하고 맛있는 듯한 소리를 내며 먹게 된 것이다.

ところが問題が起こった。それまでビーの体重は、四・八キロで安定していた。それがシニア用に変えてから、食欲が出てきて、どんどん食べてしまい、あっという間に五・二キロになってしまったのである。

「この体で、四百グラムの体重増加っていうことは、相当、太ったっていうことよね」

モリタさんと私は、ころっとしてきたビーの体を見ながら、

「太ったわねえ」

とつぶやいた。抱っこをせがまれてビーを抱き上げるとき、重みがぐっと加わっていたので、

「あんた、重くなったね」

- □ 体重　체중
- □ キロ　킬로그램(kg)
- □ どんどん　자꾸자꾸, 잇달아, 착착, 척척
- □ あっという間に　눈 깜짝할 사이에
- □ グラム　그램(g)
- □ 増加　증가
- □ 相当　상당함
- □ 太る　살찌다
- □ ころっと　작은 것이 구르는 모양, 태도나 상태가 갑자기 변하는 모양
- □ つぶやく(呟く)　중얼거리다, 투덜거리다
- □ せがむ　조르다
- □ 重み　무게, (특히 기준 이상의) 중량, 무거움
- □ ぐっと　훨씬, 한층
- □ 加わる　더해지다, 많아지다, 늘어나다

그런데 문제가 생겼다. 그때까지 '비'의 체중은 4.8킬로그램으로 안정적이었다. 그것이 연장자용으로 바꾸고 나서 식욕이 생겨 마구 먹어 버려, 눈 깜짝할 사이에 5.2킬로그램이 돼 버린 것이다.

"이 몸에 4백 그램 체중 증가라는 건 상당히 살쪘다는 얘기지."

모리타 씨와 나는 갑자기 포동포동해진 '비'의 몸을 보면서

"진짜 불었네."

하고 중얼거렸다. 안아달라고 졸라서 '비'를 들어 올릴 때 묵직함이 한층 더해져서

"너, 무거워졌다."

とはいっていたのだが、こんなに増(ふ)えているとは思っていなかったのである。シニア用の餌はカロリーが控(ひか)えめになっているはずなのだが、それで太ったのだから、

「倍(ばい)は食べているかもしれない」

とモリタさんはいっていた。

「前はいつまでたっても、お皿(さら)にいれておいた餌が残(のこ)っていたのに、最近(さいきん)は、こんなに食べられないだろうって思うくらい、てんこ盛(も)りにして出(で)かけても、帰って来ると全部(ぜんぶ)なくなってるのよ。ひどいときなんか、餌を入れてある箱(はこ)を開(あ)けて食べてたりするの」

モリタさんは呆(あき)れ顔(がお)だった。

□控えめ 적은 듯이 함, 약간 줄여서 함, 조심스러움, 삼감
□倍 배, 2배
□お皿 접시 〈お는 미화어〉
□残る 남다
□てんこ盛り (밥을) 고봉으로 담음
□呆れ顔 어이없어 하는 멍한 표정

하고는 말했었지만 이렇게나 늘었을 거라고는 생각도 못했던 것이다. 연장자용 먹이는 칼로리가 다소 낮게 되어 있을 텐데 그걸로 살이 찐 거니,

"두 배는 먹고 있는 건지도 몰라."

하고 모리타 씨는 말했다.

"전에는 언제까지고 접시에 담아둔 먹이가 남아 있었는데, 요새는 이만큼은 못 먹겠지 하고 생각할 정도로 남산만큼 담아 놓고 나가도, 돌아오면 하나도 안 남아 있는 거야. 아주 심할 때는 먹이를 넣어 둔 상자를 열어서 먹기도 하는 걸."

모리타 씨는 어이없어 하는 표정이었다.

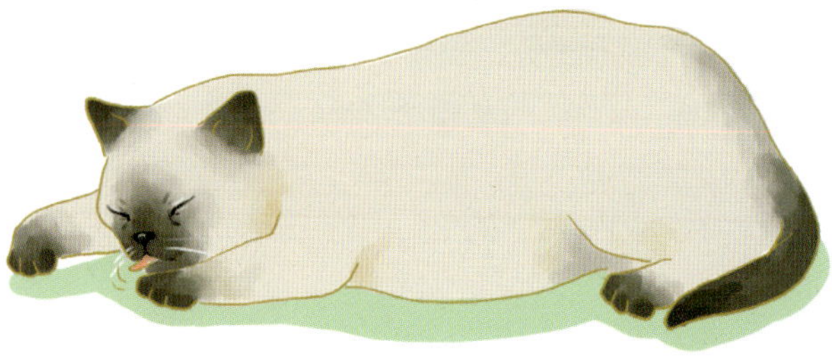

「あーあ、こんなに太っちゃって。もうすぐ死ぬのに、太ることはないんだよ」

アリヅカさんがいうと、ビーはきっと彼女をにらみつけ、

「んにゃっ！」

と短く怒ったように鳴いて、モリタさんのベッドルームに消えていった。

私はビーの姿を見て、自分のことを思い出していた。三十歳くらいのころ、体重が気になり出した私は、新発売されたカロリーが半分といううたい文句のマーガリンを買ってきて、毎朝、パンに塗って食べていた。ところがしばらくたって、体重を測った私はびっくりした。カロリー半分のはずなのに、しっかり太っていたからである。

「何でこういうことに……」

"아~, 이렇게나 살쪄 버리고. 이제 곧 죽을 텐데, 살찔 것까진 없잖아."

아리즈카 씨가 말하자 '비'는 정색하고 그녀를 째려보며,

"냐얏!"

하고 성난 듯 짧게 울며 모리타 씨의 침실로 사라져 버렸다.

나는 '비'의 모습을 보며 나의 일을 떠올리고 있었다. 서른 살 쯤에 체중이 걱정이 되기 시작한 나는 새로 발매된 칼로리가 절반이라는 광고 문구의 마가린을 사 와 매일 아침 빵에 발라 먹고 있었다. 그런데 어느 정도 지나 체중을 잰 나는 깜짝 놀랐다. 칼로리가 반일 텐데 확연히 살이 쪄 있었기 때문이다.

"어째서 이런 일이……."

- ~ことはない (동사 기본형에 붙어) ~(할) 필요는 없다, ~(하)지 않아도 된다
- きっと 상태가 엄해지는 모양, 순간적으로 행동하는 모양, 홱
- にらみつける(睨み付ける) 눈을 부라려 노려보다, 매섭게 쏘아보다
- ベッドルーム(bedroom) 베드룸, 침실
- 新発売 신발매
- 半分 절반, 반
- うたい文句 광고문구, 캐치프레이즈 =キャッチフレーズ
- マーガリン(margarine) 마가린
- 塗る 바르다, 칠하다
- 測る (무게를) 재다

　私は呆然(ぼうぜん)とした。バターだとカロリーが気になるから、どっさりとつけるということはない。カロリー半分という言葉に安心(あんしん)して、たっぷりと塗(ぬ)りたくったのがまずかったのである。それから私はパンを食べるときには、バター、マーガリンの類(たぐい)を塗(ぬ)るのはやめにした。カロリー半分とはいえ、倍以上(ばいいじょう)食べたら、太るに決(き)まっている。ビーを見てまるでそのときの自分と同じではないかと思ったのだ。

　しかし人間と違(ちが)うのは、ビーはダイエットをしないことである。お腹(なか)がいっぱいだと食べないが、食べたいときは思(おも)いっきり食べる。ダイエットという言葉はビーにはない。若い猫だったらば、運動量(うんどうりょう)でカバーできるかもしれないが、十三歳となると、そうはいかない。

- □ 呆然　기가 막힘, 어안이 벙벙함, 어이가 없어 얼떨떨함
- □ バター(butter)　버터
- □ どっさり　듬뿍, 잔뜩
- □ つける(付ける)　바르다, 묻히다, 붙이다
- □ たっぷり(と)　듬뿍, 잔뜩
- □ 塗りたくる　잔뜩 발라대다, 더덕더덕 마구 칠하다 〈たくる는 동사 ます형에 붙어 '심하게 ~(하)다, 자주 ~(하)다'는 뜻을 만듦〉
- □ 類　같은 종류의 것, 비슷한 것, 동류
- □ 違う　다르다, 틀리다
- □ ダイエット(diet)　다이어트
- □ 思いっきり　마음껏, 실컷 〈思い切り의 힘줌말〉
- □ カバーする　모자라거나 부족한 부분, 손실 등을 채우다, 보충하다

나는 기가 막혔다. 버터라면 칼로리가 신경 쓰여서 듬뿍 발라 먹지 않는다. 칼로리 절반이라는 말에 안심하고 잔뜩 발라댄 것이 잘못된 것이었다. 그리고 나서 나는 빵을 먹을 때는 버터, 마가린 종류를 바르는 것을 그만두었다. 칼로리가 절반이라고는 해도 두 배 이상 먹으면 살찌기 마련인 것이다. '비'를 보고 마치 그때의 나와 같지 않을까 하고 생각한 것이다.

그러나 인간과 다른 것은 '비'는 다이어트를 하지 않는 것이다. 배가 부르면 안 먹지만, 먹고 싶을 때는 마음껏 먹는다. 다이어트라는 말은 '비'에게는 없다. 젊은 고양이라면 운동량으로 커버할 수 있을지 모르지만, 열세 살이 되면 그렇게는 되지 않는다.

こちらが遊んでやらないと、ただ床に寝そべっているだけの、座敷豚状態になってしまう。以前のビーに戻るように、なんとか無理なく運動をさせようと考えていた。

「はい」

モリタさんが私にちょっとふくらんだビニール袋をくれた。

「何なの、これ」

と、聞くと、彼女は笑っている。中を見るとたくさんのヒモが入っている。麻ヒモ、ビニールヒモなど、どれも見覚えがある物ばかりだった。

「掃除をしているときに、目につくと集めていたんだけど、ずいぶんたまっちゃって。またよろしくお願いします」

そういって頭を下げた。

「はい、わかりました」

이쪽이 놀아주지 않으면 그저 바닥에 엎드려 있기만 하는 '방에 누워 있는 돼지 상태'가 되어 버린다. 이전의 '비'로 돌아오도록 어떻게든 무리하지 않고 운동을 시키려고 생각하고 있었다.

"자."

모리타 씨가 나에게 좀 불룩한 비닐봉지를 주었다.

"뭐야, 이건?"

하고 물으니 그녀는 웃고 있다. 안을 들여다보니 많은 끈이 들어 있다. 마끈, 비닐끈 등, 모두 다 본 적이 있는 것들뿐이었다.

"청소를 할 때 눈에 띄면 모으곤 했던 건데 꽤 모여서. 그럼 또 잘 부탁해."

그렇게 말하며 머리를 숙였다.

"응, 알았어."

- □ 寝そべる 엎드려 눕다
- □ 座敷豚状態 게으름을 피우며 방에 누워 아무것도 하지 않는 사람을 빗대어 이르는 말
- □ 無理 무리, 억지
- □ ビニール袋 비닐봉지
- □ 見覚え 전에 본 기억이 있음
- □ ～ばかり ~뿐, ~만 〈한정을 나타냄〉
- □ 目につく 눈에 띄다
- □ 頭を下げる 머리를 숙이다

私はヒモがたくさん入ったビニール袋を持って帰った。そしてビーが遊びに来たときに、

「ほら、お母さんからこんなにヒモをあずかってきたよ。みんなビーちゃんがうちから持っていったのばかりだよ」

といった。ビーは袋(ふくろ)の中に頭をつっこみ、前足でヒモをかきだした。かきだしてもかきだしても次々(つぎつぎ)に出てくるし、おまけに自分の匂(にお)いもついているものだから、ビーは喉(のど)をごろごろと鳴(な)らして、上機嫌(じょうきげん)になっていた。そしてそのうちの一本をくわえて私の前に置(お)き、いつもの、お願いします状態になった。

□ あずかる(預かる) 맡다, 보관하다
□ つっこむ(突っ込む) 쑤셔 넣다, 아무렇게나 질러 넣다
□ かきだす(掻き出す) (손, 도구로) 긁어내다
□ おまけに(お負けに) 게다가, 뿐만 아니라
□ 上機嫌 썩 기분이 좋음

나는 끈이 많이 들어 있는 비닐봉지를 갖고 돌아왔다. 그리고 '비'가 놀러 왔을 때

"이것 봐, 엄마한테 이렇게 많이 끈을 받아왔어. 전부 '비'가 우리 집에서 가져간 것뿐이야."

하고 말했다. '비'는 봉지 안에 머리를 쑤셔 넣고 앞발로 끈을 긁어냈다. 긁어내도 긁어내도 계속해서 나오고 게다가 자기 냄새도 배여 있어 '비'는 갸릉갸릉 소리 내며 기분이 썩 좋아졌다. 그리고 그중의 하나를 물어다 내 앞에 놓고는 언제나처럼 '부탁해요' 하는 상태가 되었다.

「ちょっとだけだよ」

そういいながらヒモを動かすと、もう目の色が変わり、体を低くしてヒモを目で追っている始末であった。

マンションの一階の庭に連れていくと、ビーは笹の葉を食べるようになった。今まではそんなことなどなかったのにである。薬局の前を通ると、「体にいい笹ヘルス」などという張り紙を見ることがあるが、猫の年寄りにも笹はいいのかもしれない。ビーは笹の葉をむしゃむしゃと食べる。

「ちゃんと噛んで食べなさい」

といっているのに、次から次へと丸飲みにしてしまうものだから、家に戻ったあと、

「げーっ」

と吐いてしまうこともある。

- □ 笹の葉　조릿대 잎
- □ 薬局　약국, 약방
- □ ヘルス(health)　헬스, 건강
- □ 張り紙　광고 벽보, 벽에 발라 붙인 종이
- □ むしゃむしゃ(と)　조심성 없이 마구 먹는 모양, 우적우적, 게걸스럽게
- □ 次から次へと　계속해서, 연달아
- □ 〜たあと　~(한) 후에, ~(한) 다음에

“조금만이야.”

그렇게 말하며 끈을 움직이자 벌써 눈빛이 달라지고 몸을 낮추어 끈을 눈으로 쫓는 상황이 되었다.

맨션 1층의 정원에 데려가자 ‘비’는 조릿대 잎을 먹게 되었다. 지금까지는 그런 일은 없었는데 말이다. 약국 앞을 지날 때 ‘몸에 좋은 조릿대 헬스’ 등의 광고 벽보를 보기도 하는데 나이든 고양이에게도 조릿대가 좋을지도 모른다. ‘비’는 조릿대 잎을 우적우적 먹는다.

“꼭꼭 씹어 먹어.”

하고 말하는데도 계속해서 통째로 삼켜 버리더니 집에 돌아온 후

“우웩~.”

하며 토해 버리는 일도 있다.

「だから、ちゃんと噛みなさいっていったでしょ」

後始末(あとしまつ)をしながら叱(しか)ると、また笹(ささ)が食べたくなるのか、ドアの前で、

「おわあ、おわあ」

と外に出たいといって鳴く。

「ああ、面倒(めんどう)くさい」

そういいながらもビーの体が欲(ほっ)しているのならばと、またビーを連(つ)れて一階の庭(にわ)まで降りていった。

ビーは今度は小(ちい)さめの笹の葉を選(えら)んで食べていた。ちょっとは知恵(ちえ)もあるらしい。いくつか葉(は)っぱを食べたあと、ビーは満足(まんぞく)そうに舌(した)をぺろぺろやっていた。

「もういいから、帰ろうね」

- □ 後始末 뒤처리, 뒷마무리, 뒤치다꺼리, 설거지
- □ 欲する 원하다, 바라다, 가지고 싶어하다
- □ 小さめ 조금 작은 듯함
- □ 選ぶ 고르다, 선택하다
- □ 知恵 지혜, 슬기, 꾀
- □ いくつか 몇 개인가
- □ 葉っぱ 잎
- □ 満足 만족, 충족
- □ 舌 혀
- □ ぺろぺろ 할짝할짝, 날름날름

"그러니까 꼭꼭 씹어 먹으라고 했잖니."

뒤처리를 하며 혼내자 또 조릿대가 먹고 싶어지는지 문 앞에서

"야옹 야옹."

하며 밖에 나가고 싶다고 운다.

"아, 귀찮아."

그렇게 말하면서도 '비'의 몸이 원하는 것이라면 하고, 또 '비'를 데리고 1층 정원까지 내려갔다.

'비'는 이번에는 좀 작은 듯한 조릿대 잎을 골라 먹고 있었다. 약간은 꾀도 있는 것 같다. 몇 개인가 잎을 먹은 후 '비'는 만족스러운 듯 혀를 할짝할짝거리고 있었다.

"이제 됐으니까 돌아가자."

そういって庭を出ようとすると、二階に住んでいるご夫婦(ふうふ)とばったり出(で)くわしてしまった。奥(おく)さんに、

「いつだったか、このネコちゃんがものすごい勢(いきお)いで三階から一階に階段を駆(か)け降(お)りるのを見たことがあるわ」

といわれてしまった。

「えっ、そうなんですか」

ビーを見ると、知(し)らんぷりである。

「かわいいわねえ」

奥さんはビーの頭を撫(な)でてくれた。そして何気(なにげ)なく胴体(どうたい)に目をやったとたん、

「あーら、おでぶちゃん」

とつぶやいた。

- ばったり 뜻밖에 마주치는 모양, 딱
- 出くわす 우연히 만나다, 딱 마주치다
- 駆け降りる 뛰어 내려가다
- 撫でる 쓰다듬다
- 何気ない 아무렇지도 않다, 특별히 깊은 의도가 없이 무심하다, 태연하다
- 胴体 몸, 몸체
- でぶ 뚱뚱보

그렇게 말하고 정원을 나오려고 하자 2층에 살고 있는 부부와 딱 맞닥뜨리게 되었다. 부인은

"언제더라? 이 고양이가 굉장한 기세로 3층에서 1층으로 계단을 뛰어 내려가는 걸 본 적이 있어요."

하고 말하는 것이었다.

"아, 그래요?"

'비'를 보니 모르는 척한다.

"귀여워라."

부인은 '비'의 머리를 쓰다듬어 주었다. 그리고 무심코 몸으로 눈길을 주는 순간

"어머, 뚱보네."

하고 중얼거렸다.

「このごろ、たくさん餌を食べて太っちゃって……」

しどろもどろに説明(せつめい)すると、奥さんはくすくす笑った。この話をモリタさんにすると、

「笹の葉を食べるなんて、食(た)べ過(す)ぎて胸(むね)やけしてるんじゃないかしら。おでぶちゃんなんていわれちゃって。どうしましょ」

とビーの顔を見ながらいった。

「おでぶちゃーん」

私もそう呼(よ)んでみた。ところがビーは「しっこ山(やま)さん」のように、いわれている意味(いみ)がわからないらしく、ヒモをくわえてきて、それを足元(あしもと)に置(お)き、精一杯(せいいっぱい)かわいい顔をして、鼻の穴(あな)を広(ひろ)げているのであった。

□ しどろもどろ　말이 왔다갔다하여 종잡을 수 없는 모양, 횡설수설
□ 説明　설명
□ くすくす　소리 죽여 웃는 모양, 키득키득, 킥킥
□ 食べ過ぎる　과식하다
□ 胸やけ(胸焼け)　속이 쓰리고 아픔, 명치 언저리가 쓰리고 아픈 증상
□ 意味　의미
□ 精一杯　있는 힘을 다함, 힘껏

"요즘 먹이를 너무 많이 먹어 살쪄 버려서……."

횡설수설 설명을 하자 부인은 키득키득 웃었다. 이 이야기를 모리타 씨에게 하자

"조릿대 잎을 먹다니 과식해서 속이 쓰리고 아픈 게 아닐까? 뚱뚱보라는 말을 듣다니. 어쩜 좋아."

하고 '비'의 얼굴을 보며 말했다.

"뚱뚱보~."

나도 그렇게 불러 보았다. 그런데 '비'는 '왕오줌싸개'처럼 그 말의 의미를 모르는 듯 끈을 물고 와 그것을 발치에 두고 한껏 귀여운 얼굴을 하며 콧구멍을 넓히고 있는 것이었다.

著者

群ようこ(むれ・ようこ)

1954 년 도쿄(とうきょう) 출생 . 일본대학예술학부 졸업 .
저서로『ミサコ、三十八歳』『それ行け！トシコさん』『オトナも子供も大嫌い』
『しいちゃん日記』외의 다수의 인기 작품과 영화의 원작이 된『かもめ食堂』등이 있다 .

본 책에 실린 내용은 저자의 작품『ビーの話』(ちくま文庫, 2001) 에서
아래 3 편만 발췌하여 실은 것임을 밝혀 둔다 .
「名前はビーだな」「カラスはこわい、しかし外に出たい」「ヒモにまさる物はなし」

다락원 일한 대역문고 – 중급7
고양이 '비'의 이야기
ビーの話

지은이 群ようこ
역 주 조주희 · 백송종
펴낸이 정규도
펴낸곳 (주)다락원

초판 1쇄 발행 2007년 8월 30일
초판 4쇄 발행 2020년 10월 21일

책임편집 이경숙, 김윤희
교정 임수진, 이효정
디자인 서해숙, 이수민
일러스트 윈일러스트

경기도 파주시 문발로 211
Tel: (02)736-2031 Fax: (02)732-2037
(내용문의: 내선 460~465 / 구입문의: 내선 250~252)
출판등록 1977년 9월 16일 제406-2008-000007호

가격 12,000원(교재+오디오CD 1장)

ISBN 978-89-5995-346-2 18730 978-89-5995-296-0(set)

www.darakwon.co.kr
다락원 홈페이지를 통해 인터넷 주문을 하시면 자세한 어학 정보와 함께 다양한 혜택을 받으실 수 있습니다.